精准表达

开口就能说重点

牛 津◎著

古吴轩出版社

中国·苏州

图书在版编目（CIP）数据

精准表达：开口就能说重点 / 牛津著. — 苏州 ：
古吴轩出版社，2017.10（2019.1重印）
ISBN 978-7-5546-0991-0

Ⅰ．①精… Ⅱ．①牛… Ⅲ．①口才学－通俗读物
Ⅳ．①H019-49

中国版本图书馆CIP数据核字（2017）第219234号

策　　划：马剑涛
责任编辑：蒋丽华
见习编辑：顾　熙
装帧设计：润和佳艺

书　　名：**精准表达：开口就能说重点**
著　　者：牛　津
出版发行：古吴轩出版社
　　　　　地址：苏州市十梓街458号　　　邮编：215006
　　　　　Http：//www.guwuxuancbs.com　　E-mail：gwxcbs@126.com
　　　　　电话：0512-65233679　　　　　传真：0512-65220750
出 版 人：钱经纬
印　　刷：大厂回族自治县彩虹印刷有限公司
开　　本：710×1000　　1/16
印　　张：14
版　　次：2017年10月第1版
印　　次：2019年1月第3次印刷
书　　号：ISBN 978-7-5546-0991-0
定　　价：38.00元

如有印装质量问题，请与印刷厂联系。0316-8863998

中国有句古话叫"打蛇打七寸"，如果你一定要追问"七寸"在哪儿，虽然我能用生物学知识来满足你的好奇心，但是显然这样会使我们的说话重点发生偏移，很可能你还会为此与我争执一番：打蛇还是要打"三寸"的好。而我只不过是想告诉你，无论打哪里，唯有打到致命的地方才会一击毙命。

这也告诉我们一个道理：说话做事一定要抓住问题的关键。就说话而言，想要做到精准表达，说话时就必须有重点，为什么要这么做呢？相信你也见过这样的人：说了一堆，一句重点没有，听得你云里雾里。想必你也不想成为这样的人吧？那么现在请阅读本书，它会告诉你怎样在说话时把握重点。

在刘禹锡的《陋室铭》中有这样一句经典名句："山不在高，有仙则名。水不在深，有龙则灵。"说话亦是同样的道理，没有人喜欢冗长、复杂的话，话语再多，没有效果也是枉然。所以说话时你的第一要务就是精简语言，在质量上下功夫。

鲁迅先生曾说："时间就是性命，无端地空耗别人的时间，其实是无异于谋财害命。"会说话的人也是善于利用时间的人，即使是短短的一分钟，如果利用得好，也能清楚地说出自己的诉求，充分地表达出自己的意愿。

你会提问吗？也许有人会说："提问有什么难的，不就是一两句话的事？"但是如果你认真观察一下自己，就会发现，虽然自己一天中提问的次数够多，但是得到的有效回答少得可怜，因为那些问题根本没有重点，没有实质性的内容。所以提问也不是随便发问，只有抓住重点，你的问题才更有价值。

沟通的过程也就是提问和回答的过程。有些人在回话之前总是毫无准备，所以在回答时弯弯绕绕、含糊其词，不光听者不知道他在讲什么，连他自己也觉得回答得没逻辑，但是又不能直言拒绝他人的提问，所以我们需要掌握一些回话技巧来解燃眉之急。

我们发现，说服他人的话总是难以令人信服，那是因为你的话缺乏事实依据，缺少一个"着力点"。拒绝的话总是难以说出口，所以你需要一个拒绝他人的理由，一个恰当的"借口"。无论是说服还是拒绝他人，都是与他人意志相抗的一个过程，势必会十分艰难，但是如果你把话说到点子上，就会水到渠成。

与其说语言是信息的传递工具，不如说它是情感的传递者。没有感情的语言就像是冰冷的刻刀，虽能刻出满篇诗词，却刻不出诗词中的情真意切。所以在谈话的过程中，我们应该善于寻找对方的"动情点"，让你的话"声"入人心。

在历史上，"祸从口出"的例子比比皆是。俗话说："一句话能成事，一句话也能败事。"在开口之前一定要深思熟虑，想一想能说什么，不能说什么，能说的话又该怎样说，千万不要口无遮拦、信口开河，这样不仅会伤到他人，还会害了自己。

想必看到这里，你已经对本书中所讲述的内容、阐述的道理有了大致的了解。如果你想提高说话技巧，成为一个说话高手，请仔细阅读书中的每一个知识点。你会发现，那些具体翔实的事例、颇有韵味的语言，不仅仅是在讲述一种说话技巧，更是在告诉你一种生活的智慧。其实这也是我写作本书的初衷。因此，在此我希望每一位读完这本书的读者都能从中有所收获，希望它能成为你的良师益友。

目录

第一章
说话说重点，谁都不愿意听你三纸无驴

第四章

细节决定成败，你需要注意的说话细节

第五章

提问抓重点，让问题更有价值

第六章
所答即所问，那些漂亮的回话艺术

第七章
从"不"到"是"，掌握说服他人的话语权

第八章
拒绝别人，把话说到点子上才行

第九章
"声"入人心，话要说到心坎里

第十章
话有三七分，开口需谨慎

后 记

第一章

说话说重点，谁都不愿意听你三纸无驴

有句俗语叫"一句话使人笑，一句话使人跳"，只有把话说到点子上，才会达到这样的说话效果。如今，在快速的生活节奏下，没有人会对你不着边际的话感兴趣。如果想让彼此的交谈愉快地进行，说话时必须把握重点，否则对方听得一头雾水，你们的谈话就很难继续下去。

话不在多，抓住重点才是关键

我们经常在各种场所见到一些夸夸其谈的人，如果你认为他口才好，那就大错特错了。一个口才好的人，根本不会在别人面前用侃侃而谈的方式来证明自己。只有那些整天言之无物的人才会如此。

俗话说："豆腐多了都是水，话多了都是唾沫。"话说得多了，抓不住重点也是没有益处的。

一个礼拜天，马克·吐温在教堂听一位慈善家演讲。演讲过了五分钟后，马克·吐温觉得慈善家讲得不错，决定一会儿捐出五十美元。可是这个慈善家讲了十多分钟还没有停的意思，这时马克·吐温已经有点厌倦了，决定将捐款减至二十五美元。当慈善家继续滔滔不绝地讲了半小时之后，马克·吐温把捐款减至五美元。而当慈善家喋喋不休地讲了整整一个小时，拿起钵子向大家索求捐助的时候，马克·吐温非但没有捐钱，还从他的钵子里拿走了两美元！

马克·吐温的这一行为让我们忍俊不禁，但是仔细想想，这看似不合情理，却也是理所当然。鲁迅先生曾说："时间就是性命，无端地空耗别人的时间，其实是无异于谋财害命。"而故事中的那位慈善家本来只需几分钟就能完成的演讲，被他拖了整整一个小时，致使他的形象一落千丈，引起马克·吐温的反感，以至于不但没有得到马克·吐温的捐助，还被马克·吐温拿走了两美元。

可见，说话多有时候并不是一件好事，并不能帮助你达到你想要的效果。在现实生活中，很多人说话总是抓不住重点，絮絮叨叨说一大堆，把别人搞得很烦。而有些人说话则能有的放矢、切中要害。

一位保险推销员拨通了李先生的电话。

推销员："您好，您是李××先生吗？"

李先生："我是，你哪位？"

推销员："我叫××，我们公司最近推出了一种新产品……"

这位推销员开始了标准的推销演讲，一分钟过去了，他仍然没有明确说出自己推销的产品是什么，李先生忙打断了他："我没兴趣，不需要。"

"我还没介绍是什么产品呢，您怎么就认为自己不需要呢？"推销员很惊诧地问。

"你是推销保险的吧？"李先生耐着性子问道。

"是的。"

"我对保险没兴趣，不要了，谢谢。"

"可是您为什么不买保险呢？"

嘟嘟嘟……还没等这位推销员说完，李先生便挂了电话。

在这场对话中，推销人员虽然说了一大堆话，但是都没说到点子上，并且一大堆的问题让李先生感到反感。

来看看下面这位推销员是怎么做的。

推销员："您好，请问是李××先生吗？"

李先生："我是，你哪位？"

推销员："我是××人寿保险公司的刘海军，是您的朋友赵光介绍我打这个电话的，我只占用您几分钟的时间，您方便吗？"

李先生："你有什么事吗？"

推销员："我打这个电话，是因为昨天您的朋友赵光从我这里购买了一份保险，同时他认为此险种非常好，特别适合您这样的成功人士，因此他特意向我推荐您。当然，我还不确定您是不是有兴趣，所以想和您约个时间，您看您周二下午或者周四下午有时间吗？"

其实，李先生有买保险的念头，但是最近有点忙，于是回道："对不起，我最近很忙，没有时间。"

推销员："李先生，这点我当然理解。正是因为您很忙，所以我才特地打电话来和您预约，以免浪费您的时间。我们周二或者周四见个面，只占用您三十分钟即可。"

李先生："那好吧，周四。"

推销员："那好，我们周四一起碰个面，请问您几点有时间？"

李先生："下午五点。"

这位推销员自始至终都抓住了问题的关键，即时间对于客户的重要性，所以他开门见山，先是询问自己能不能占用对方几分钟的时间，然后简明扼要地表达了自己的来意，在对方拒绝时，又一次以避免浪费对方的时间为理由，成功说服对方和自己约定时间见面。像这样的推销员，能句句说到点上，抓住客户的需求，客户是很难拒绝的。

所以我们在说话时一定要抓住重点、切中要害，这样才能准确地表达出你心中所想，达到沟通的目的。

一语中的，让话语更有威力

在打高尔夫时，我们必须把目光都集中在一个点上，注入全身的力量，那样球才能飞得更远。说话犹如打高尔夫球，每一场谈话都会有中心点，我们必须抓住谈话的中心点，一语中的，那样才能使话语更有威力。

在《爱情保卫战》中担任情感导师的涂磊以言语犀利而闻名，但是不可否认，他说话总能抓住问题的核心，说到点子上，一针见血，给在爱情中迷茫的人以启迪。

在一期节目中，一位怀揣着电影梦的"80后"男孩，坦言为了自己的梦想可以牺牲自己最亲近的人。他每天都沉浸在自己的理想世界里，没有经济来源，就向母亲和女友要。按照常理来说，男孩应该对女友心存感激，但是他反而指责女友太虚荣。这时涂磊激动地说："你不配谈理想，一只寄生虫永远拍不出伟大的作品！"

当他看到一个男孩子因为过于受制于妈妈而不敢去爱时，他鼓励道："我没有太多废话，先斩后奏，明天就去领证。你妈妈有一个这么憨厚、孝顺的儿子，一个这么聪明的媳妇，婆媳关系处理得一定游刃有余，我祝福你们。"

有句话说得好："当局者迷，旁观者清。"无论是自己还是他人陷入爱情的泥潭中时，都需要一个像涂磊一样的人，一语道破问题的实质，让人保持清醒的头脑。

没有人愿意听冗长的空话，如果你在说话时能抓住其中的关键，一语中的，就可以成功地说服他人。

周勃是西汉开国元勋，曾经帮助汉室铲除吕后爪牙。汉文帝上台后，他官至宰相，后来辞去丞相一职，回到了自己的封地。这时曾经与周勃有过节的小人趁机向汉文帝诬告他图谋造反，于是周勃被抓了起来，按照当时的律例，图谋造反可是死罪，而且还要株连九族。

在这危难时刻，薄太后站出来对汉文帝说："陛下，您是否记得当初您还未即位时，周勃兵权在握，同时手上还有先皇留下的玉玺，那时正是他谋反的最好时机，但是他没有这么做，而是帮助汉室消灭了企图篡权的吕氏势力，然后把玉玺交给了陛下。而现在他只不过是在自己的封地安享晚年罢了，又岂会在这时谋反呢？"

薄太后简简单单几句话，句句击中要害，汉文帝听了深有感触，觉得自己太鲁莽了，对不起这位忠诚的开国老将，于是立即下令赦免了周勃。

有经验的园艺家为了使树木茁壮成长，结出丰硕的果实，常常会把树木多余的枝条剪掉。说话也应当如此，即不要把自己的精力分散到毫无意义的空话上，而是要抓住关键点，一语中的，这样才能使你的话语更有力量。正如上面案例中的薄太后所说的话，虽然简短，但句句是重点，为周勃赢得了最后的生机。

如果你是一位推销人员，说话啰唆且没有重点，相信再有耐心的人也会感到厌烦。但如果你的话句句戳中要害，就能达到你想要的效果。

一位推销人员去一家公司推销产品，这位推销员是这样说的："刘经理，如果你们公司的生产线都装上我们公司的高精密度自动控制系统，那么你们产品的一等品率将会大大提高，每天的收益也会比现在多很多。所以早一天购买，早收益，晚一天购买，就意味着白白扔掉好些钱，您说呢？"

刘经理想了想，觉得推销员说得很对，当时就做了购买决定。

这位推销员虽然只说了短短几句话，但都抓住了要点，因此，最后拿下了订单。

如今，在社会交往中，没有人愿意听你讲空话，为了有效沟通，你要时刻提醒自己抓住问题的关键，把话说到点子上，一语中的，这样你的话才更有威力。

金字塔原理，让结论先行

由于说话习惯，通常对于一件事情，我们总是习惯以流水账的方式讲述。就像小时候写日记一样，我们本来是想记录一件让人印象深刻的事情，但是翻开日记本时，却这样写："早上起床，吃早饭，学校集合……"写到最后才说大家被动物园中的大老虎吓了一跳。

很多时候，我们喜欢把重要的事情放在后面说，但是如果时间有限，或是对方根本不喜欢我们的长篇大论，我们很可能就会失去继续表达和展示自己的机会。而如果采用金字塔原理，让结论先行，然后再解释具体原因，便能突出说话的重点，让对方更容易理解。

这里有两个故事，你更喜欢哪一个版本呢？

版本A：

一年除夕，一位白发老人把两张红纸贴在门上，然后点燃了蜡烛和爆竹，吓跑了怪兽。哦，对了，这个怪兽常年居住在海底，头上长着触角。这个怪兽叫"年"，而且怕火光、红色和响声。人们每年除夕的时候，家家户户都烛火通明，贴上红纸，燃放爆竹。这是因为每到除夕，"年"就爬上岸来吞食牲畜、伤害人命、破坏庄稼。

版本B：

相传在古时候，有一个叫"年"的怪兽，这个怪兽头上长着触角，十分凶猛，平时深居海底，但是每到除夕，就爬上岸来吞食牲畜、伤害人命、破坏庄稼，人们为此担惊受怕。

这年的除夕，村里来了一位须发老人，帮助村民解决了这个问题：他在门上贴上了两张红纸，点燃了蜡烛和爆竹，"年"就被吓跑了，原来"年"怕红色、火光和炸响。于是，从此以后，每年除夕，家家都烛火通明，贴红对联，燃放爆竹。

同样一个故事，版本A让人摸不着头脑：为什么人们点灯火、贴对联、燃爆竹就把怪兽吓跑了？这个怪兽是怎么回事？人们为什么要这样做？看似是想要采用倒叙的手法讲故事，但是讲出来却毫无重点与逻辑可言。

而版本B则采用了金字塔原理，先讲述村里来了一位老人，帮人们解决了这个问题，然后再细讲是怎么做到的。相对而言，版本B的故事思路更清晰：哦，一个怪兽叫作"年"，因为每到除夕就上岸伤人性命，所以人们想办法赶走了它。

所以对于一些复杂的话，最好采用金字塔原理，先说事情的结果，然后再分析事情发生的原因，这样便能有条理、有逻辑、有重点地把事情讲清楚。

经理让小李安排一个会议，小李说："经理，王主任说他今天有事来不了；周总监出差了，明天晚上才能赶回来；赵主管说会议可以晚一点开，不过最好是在明天中午以后，因为在这之前，她没有时间。还有，明天的会议室被其他部门占用了，所以您看要不把会议安排到周四？"

经理听得一头雾水："你重新给我理理，想好怎么说再来向我汇报！"

小李也一头雾水地关上门出去了，心想：自己说的没错啊，该说的事一件没落下，不该说的话一句也没说，怎么就惹经理生气了呢？同事小胡的一句话点醒了他："你讲了半天才建议把会议安排在周四，还讲了一大堆没用的，毫无逻辑，没有重点，难怪经理会生气。"

　　小李听后恍然大悟，把自己的话整理了一番，再次推门进来："经理，我建议把今天的会议改到周四。因为王主任和周总监今天来不了，所以今天不行；而明天会议室又被占用，所以明天也不行。您看这样行吗？"

　　经理听完点了点头："那就这样安排吧。"

　　越是复杂的事情，越需要先讲出结论，这样才能让对方第一时间听明白你的讲话内容。金字塔原理不是什么高深的理论，先说结论，然后再讲述事情的经过，这样对方才会迅速理解你的用意，从而达到沟通的目的。

"黄金三点论"，突出说话重点

一个人说话总是毫无逻辑、不着边际，即使说得再多，别人也很难明白他说的是什么。而如果能把想说的话分成一、二、三点，即运用"黄金三点论"，对方就会很容易理解你的意图。

"黄金三点论"，看似是一个专业术语，但我们对它再熟悉不过了。比如，学生"三点一线"的生活——宿舍、食堂、教室；时间段的划分——过去、现在、未来；事情的始末——开始、过程、结尾……

就说话技巧而言，"三点论"则是演讲界的万能模板之一。运用"黄金三点论"可以使我们的语言更具有条理性，更能突出重点，给观众留下深刻的印象。

一位新生代演员在众多竞争对手中脱颖而出，获得了最佳新人奖，以下是他的获奖感言：

"此时此刻，我真是百感交集，觉得有很多话想要和大家分享，不过我想用三个词来概括我此时的感受：

"第一个词是感谢。感谢大家对我的信任和支持，感谢所有为这部剧默默付出的工作人员，感谢我的老师……总之，我感谢生命中遇到的每一个人。

"第二个词是责任。虽然我还很年轻，但这并不意味着要逃脱责任。对于一个演员来说，我的责任就是竭尽所能为大家带来更好的作品。

"第三个词是行动。纸上谈兵终究使不得，作为一个演员，我更加明白行动的重要性，所以在以后的演艺道路上，我会脚踏实地，用作品说话，谢谢！"

这位演员用寥寥数语清晰地表达了自己获奖时的感受，相信每一位听者的脑海中都会不断回荡着三个词：感谢、责任和行动。这便是运用"黄金三点论"的效果。

在日常生活或工作中，我们常常会听到这样的话："这个事情呢，我想分三个方面来谈……""这个方法虽好，但是有三点需要注意……""要想顺利完成这个任务，我们需要这样做，首先……其次……最后……"毫无疑问，这些话都运用了"黄金三点论"。

不过，有时我们觉得"三点论"所表达的主要观点有些分散，这时我们可以把零散的重点收集起来，总结出一个中心要点，这样讲话的中心思想就会一目了然，并且有利于加深听者的记忆。

在一次产品推销会上，一位推销员介绍自己的产品：

"大家好！首先我要感谢一下主办方，能让我有这样一个展示自己公司产品的机会。其次要感谢现场的观众，是你们的热情让我有信心站在这里和大家一起分享我们的产品。大家知道，我们公司生产的手机一直受到广大用户的青睐，这是因为我们的产品质量有保障、服务最到位、价格最优惠。为什么这么说呢？下面我为大家详细解释一下。

"第一，质量有保障。我们公司采用的是德国进口的精密仪器、上等制作材料，并采用科学化的管理体系，严格按照质量体系标准执行，所以坚实耐用是我们手机的一大特点。

"第二，服务最到位。很多消费者担心购买了产品后售后服务不到位，对于这一点，大家完全不用担心，因为我们公司的售后已经遍布全国各地，哪怕是在一个小小的县城，也会有热情的服务人员接待您。

"第三，价格最优惠。'好用又不贵'是我们公司的重要理念之一，虽然我们的产品质量和服务都是一流的，但是手机的价格却不是最贵的，我们始终坚信只有质优价廉的产品才是客户最需要的产品。

"接下来，我为大家详细介绍一下我们今年的旗舰手机……"

上述例子中，推销人员在开始分点讲述自己的产品之前，先是用一句话概括了该公司生产的手机的主要特点：质量有保障、服务最到位、价格最优惠。这时就已经抓住了现场观众的心，然后详细讲述这三点内容，可谓深入人心，反响强烈。

以下是常用的"三点论"话术，仅供大家参考：

"我讲三点……"

"我讲三个例子……"

"我们分三个步骤走……"

"我就三个方面谈一下自己的心得……"

"我们目前有三个需重点解决的问题……"

"我就产品、市场和服务三个方面进行阐述……"

抓住别人说话的关键词

也许，我们都有过这样的经历，在听他人讲话的时候，我们会觉得自己就像是在茫茫大海上，又或是身陷迷雾，毫无方向感。明明已经打起十二分精神，可还是跟不上对方讲话的节奏。

出现这样的情况，原因在于，我们总是抓不住别人说话的重点。这样我们就很难融入他人的谈话之中。那么，该如何抓住别人说话的重点呢？

这里我建议大家，在与人谈话的过程中要善于抓住对方话语中的关键词。那么何谓关键词呢？关键词都有这样的特征：描绘一些具体事实的字眼，透过这些字眼你能了解对方的兴趣所在，能感受到对方的情绪。或者说，关键词就是句子中去掉修饰，剩下的主干部分。

实际上，如果抓住了聊天中的关键词，就等于掌握了整个谈话的重点。比如，对方说"最近几天的天气实在是太糟糕了，不知道什么时候才能有个大晴天"，这句话中的关键词就是"天气"，这时你可以回应对"天气"的感受、看法，如："是啊，每天连个太阳也见不着，早晚还挺冷。"这时对方就会觉得你是在认真地听他说话，于是就会继续跟你聊起来。

那么具体该怎么做呢？很简单，只要在和对方聊天的时候，抓住对方话语中的某一个关键词，然后根据这个关键词表达一下你的想法、感受，或是讲述一些和关键词有关的事就可以了。这里有一些具体的技巧，大家可以参考：

1. 重复句尾关键词

与对方聊天的时候，如果对方说话内容的关键词在末尾，就可以用疑问句重复一次，这样对方就会很有兴致地和你继续聊下去。

甲："昨天，一个朋友给我打电话，打了近一个小时。"

乙："一个小时？"

甲："是啊，他说他的心情十分糟糕，我一问才知道他被骗了。"

乙："被骗了？"

甲："对，他说他中午吃饭的时候收到了一条短信。"

乙："一条短信？"

甲："嗯，是骗子发来的，短信上说他中了一台笔记本电脑，于是……"

2. 延续核心关键词

在聊天的时候，对方的一句话中可能包含几个关键词，这时可以选取任意一个你感兴趣或是想要说的关键词来延续话题。

甲："今天真倒霉，被主管骂了，心情真是糟糕到了极点。"

（这句话中有三个关键词——主管、被骂、心情糟糕，选取一个即可。）

乙："因为什么事情？"

甲："都怪我粗心大意，没注意稿子中的错别字，差点闹笑话。"

乙："我也有粗心大意的时候，被领导批评，心情糟糕透了。"

甲："对啊，而且我觉得在公司被骂，很没面子，一整天心情都不好。"

乙："我懂，我心情不好时特别想去购物，而且会疯狂消费，你也会这样吗？"

3. 寻找共同话题的关键词

人们都喜欢谈论自己感兴趣的话题，并喜欢将自己的知识、观点、看法和对方分享，如果能在谈话中找到共同话题的关键词，则能迅速打开话题，拉近和对方之间的心理距离。

甲："我晚饭后出去跑步了，绕着我们小区跑了三圈！"

乙："哦，你也喜欢跑步啊！我通常都是早上跑步。"

甲："早上我也跑步，不过时间太仓促。"

乙："其实你可以买台跑步机，天气不好时，在家里跑就行。"

甲："这个主意不错，可是我不大懂这个，你买了吗？"

乙："嗯，买了，我给你推荐一个吧……"

精准表达，避免误会的产生

曾经听到这样一个笑话：

一个男子被判刑十年，监狱中的日子对他来说每一天都是煎熬，更别提十年了。由于待着无聊，他每天都对着墙壁自言自语。可是有一天，他突然发现了一只小蚂蚁，更有意思的是，这只小蚂蚁竟然能听懂他说话。于是，男子开始和这只小蚂蚁一起玩。就这样等到男子出狱的时候，这只小蚂蚁不但学会了倒立，还会翻筋斗，令他颇为得意。

男子出狱的第一天，朋友邀请他去酒吧，说是给他去去晦气，好开始新的生活。而他也准备向朋友炫耀一下他的小蚂蚁。到酒吧后，朋友为他点了一杯酒，这时他把蚂蚁从口袋里掏出来放在桌子上，得意地对朋友说："看看这只蚂蚁……"那酒保一看，是一只蚂蚁，赶紧把蚂蚁拍死了，然后很抱歉地说："对不起，我马上给您换一张桌子！"

这个笑话告诉我们误会的产生往往是因为表达不清楚，如果这位男子说"你看，我的蚂蚁会跳舞"，酒保听到后的第一反应将会是好奇，仔细察看一番，而不是把蚂蚁拍死。其实就像这个笑话所描述的一样，现实生活中我们常常会因为表达得不精准而使对方产生误会。

　　楚健到一家新公司去上班，在公司里结识了一位新同事，两个人住得比较近，又都十分喜欢钓鱼，所以渐渐熟络起来。一个周末，这位同事给楚健发了一条信息，邀请他一起去钓鱼，楚健回道："不好意思，今天有事，不去玩了。"这位同事就拿起鱼竿自己钓鱼去了。可是等到晚上回来的时候，他打开手机一看，朋友圈被楚健"刷屏"了，一会儿是游乐场，一会儿是公园，一会儿又跑到了电影院。这位同事有点气愤，不是说有事不去玩了吗，怎么自己出去玩了？同事觉得楚健这个人说一套，做一套，所以后来渐渐疏远了他，而楚健还不知道自己得罪了这位新朋友。

　　其实之所以产生误会，正是因为楚健表达得不准确，楚健的意思是不和同事出去了，但是没说自己不出去玩，而同事则理解成楚健因为有事，所以不能出去玩了。可见说话时一定要注意表达精准，否则一不小心就会产生不必要的误会。

　　那么该怎样清晰、准确地表达出自己的意思呢？

1. 不要丢掉主语和关键词

　　在与人交流时，人们为了说话简洁，经常把句子的一些成分省掉，这样虽然听起来简洁，但是稍有不慎就会使人产生误解。比如，一个人说话结巴，挑中了一双鞋，说："大，大。"于是售货员给他拿出了小一号的鞋，结果这个人还是说"大"，售货员看了看这个人的脚说："再小，你就穿不上了啊！"男子结结巴巴地说："我，我是说，脚，脚大。"

　　可见，在说话时，不能为了说话精简而丢掉必要的成分，比如主语和一些关键词。

2. 尽量少用方言

　　常言道："五里不同语，十里不同俗。"因地域、文化等的差异，同一个意思，各地方言的表述方式不尽相同，所以很容易让人产生误解。

　　在我国，有一些地区会把"孩子"说成"鞋子"，如果不知道这一方言差异的两个人见面，很可能会闹出笑话。

有一次在街上，甲碰到了新来的同事乙，热情地上前跟他打招呼："你到哪里去呀？你一个人呀？你的鞋子呢？"乙纳闷地看着自己的脚，心想：我的鞋子不是穿在脚上吗？他怎么问我的鞋子呢？

其实，甲只不过是在问乙他的孩子去了哪里，怎么没跟他在一起罢了。

可见与人交谈时要想精准表达，要少用方言，否则就会像上面一样闹出笑话，让人误会。

言之有重，把握好话题的"方向盘"

在谈话中，话题跑偏时有发生，看看小木的遭遇你就知道了。

小木有一个同学群，一天，小木见天气不错，于是心情大好，在群里说了一句："今天天气真好。"然后他就放下手机忙事情去了。等到回来的时候，他拿起手机一看，不禁惊呆了。究竟是怎么回事呢？我们来看一下同学们的聊天内容：

小妖："所以小木今天要请大家吃饭？"

小贝："小木，你这是要请吃饭的节奏啊。"

小艾："小木要请吃饭？太好了！去哪里？"

小琴："小木要请吃饭？这回可逮着他了。"

小洛："啊哈，原来是小木要请人吃饭啊，饭局怎么可能少得了我？是不小木？"

……

本来小木只是想表达一下对天气的看法，聊聊天气的事情，但是话题却在不知不觉中被带偏了，小木也不好意思拒绝，无奈之下只能请大家吃了顿饭。

其实在与人交谈时，一旦话题打开，就一定要牢牢把握话题的方向，稍有跑偏就要及时纠正，使话题重新回到原来的轨道上，这样才能保证有效沟通。

春节快到了，刘先生和妻子商量为父母买礼物的事，结果因为意见不合，两个人大吵了一架，最后刘先生一拍桌子："爱买不买，不买就离婚！"妻子也正在气头上："离就离，谁怕谁！"

眼看着春节就要到了，婚当然是不能离的，那只不过是一时的气话罢了，但是这样僵着也不是个事儿。刘先生终于忍不住了，扭扭捏捏地走到妻子跟前说："老婆，上次是我不对，你看马上就要到春节了，咱还是讨论讨论给爸妈买礼物的事儿吧，可不能空着手回去啊。"

"你都要和我离婚了，还回家见什么爸妈，我看礼物也省了，挺好。"

"老婆，是我太冲动了，是我的错，你知道我性子急。如果你还不原谅我，我任你处置，绝不带含糊的，不过不是现在，你看咱们是不是先把重要的事办了？上次你的建议挺好的，这回我听你的，我相信你的眼光。"

妻子一听，扑哧一声笑了："好了，这可是看在咱爸妈的分上，要不绝饶不了你。不过我后来想了想，你说的也对，咱还是再讨论讨论吧……"

在这场谈话中，当妻子还在纠结上次吵架的事的时候，刘先生赶紧把话题重新拉回了为父母买礼物这件事情上，聪明至极，否则依着刘先生的性子，说不准两个人会再次吵起来。在这个过程中，刘先生还用了一些小技巧，他先是承认自己的错误，为进一步谈话赢得了可能，然后趁机把话题的重心纠正过来，最后终于成功说服妻子给父母买春节礼物。

我们在与人谈话的时候，一旦发现对方已经把话题带偏，这时不要急着否定对方，而是要先承认对方"说得没错"，然后再一步步把话题扯回来。

有时我们和聊天对象不是很熟，比如聊天对象是陌生人或是没见几次的朋友或是公司的领导，这时即使话题被带得很远了，你也很难去引导他、纠正他，因为你知道，这样随意打断别人的谈话是一种不礼貌的行为。但是你又不能眼睁睁地看着话题被越扯越远，这时该怎么办呢？

其实你可以找一个合适的借口来打断对方的谈话，比如，"不好意思，我去趟洗手间""对不起，我先喝口水""不好意思，我接个电话"，等等，然后趁机转移话题说："我们刚才讨论的重点是……"

　　总之，言之有重，不仅要求我们开口讲重点，还要求别人也牢牢把握谈话的重点。一旦发现话题被对方带偏，这时你要想办法转到原话题上，否则你会一直被对方牵着走。

第二章

言简意赅，语言也有精简之美

古语有云："言多必失。"话说多了没什么好处，冗长的话语不仅让人觉得厌烦，还让人听得云里雾里，摸不着头脑。凡是会说话的人，总是把复杂的话说得简单，而那些不懂简洁之道的人，总是把简单的话说得冗长、复杂，造成理解上的困难。刘禹锡的《陋室铭》中有这样一句话："山不在高，有仙则名。水不在深，有龙则灵。"人与人之间说话也应如此，讲话不在于多，而在于精简。

话不在多，精简就行

会说话的人总能把话说得精简且语意明确，而不会说话的人则总是啰啰唆唆，让人摸不着头脑。

王经理每次开会的时候，大家的积极性都不是很高，因为他讲话时翻来覆去总是那么几句，本来一两句话就能说明白，他总要重复解释好几遍，所以经常可以看到台上的他讲得精疲力竭、口干舌燥，台下的下属听得昏昏欲睡的场景。

对此，一位同事私底下开玩笑说："听王经理讲话，你即便睡一个小时，醒来后仍然能听得懂，因为他还在讲你睡觉前的内容。"

在公共场合演讲，有的人总是长篇大论、滔滔不绝，但是台下听众的思绪早已飘到了九霄云外；有的人言简意赅，将演讲的内容浓缩成一句句精简的话语，犹如一粒粒沉甸甸的石子，在听众平静的心湖里荡起层层波纹。

1936年10月19日，上海各界人士参加公祭鲁迅先生的大会。当时著名的新闻记者、政治家邹韬奋先生在大会上发表演讲。他没有用浓重的笔墨去描述鲁迅先生的生平事迹，而是用了这样一句话："今天天色不早了，我愿用一句话来纪念先生——许多人是不战而屈，鲁迅先生是战而不屈。"

话语虽短，但是蕴含着极为丰富的内容——既有对当时不战而屈的投降派的谴责，又有对鲁迅先生"横眉冷对千夫指"的可贵品格的赞颂。一句话虽短，却让卑微者的渺小和高尚者的伟大形成了鲜明的对比，激发了人们奋起抗争的勇气。所以邹韬奋先生的演讲非常成功，也被当时的人们誉为最具特色的演讲。

林肯说过这样一句话："在一场官司的辩论过程中，如果第七点议题是关键所在，我宁愿让对方在前六点占上风，而我在最后的第七点获胜。这一点正是我经常打赢官司的主要原因。"

在一个案件中，林肯便恰到好处地使用了这一招。在审判的最后一天，对方律师用了整整两小时来总结此案，而林肯本来可以针对对方所提出的论点逐一驳斥，但是他并没有这么做，而是等到对方陈述完了，才将论点集中搭配到最重要的关键点上，就这样林肯仅仅用了不到一分钟的时间，就取得了官司的胜利。

一个是滔滔不绝、慷慨陈词的两小时的陈述，一个是短短一分钟的精简的辩驳，前者花费了时间、精力，却败了，而后者从容、淡定，却取得了最后的胜利。对此我们不由得感叹精简语言的强大力量。

我国有句俗语是这样说的："蛤蟆从晚叫到天亮，不会引人注意；公鸡只啼一声，人们就起身干活。"的确，语言的精髓在精而不在多，多说无益。

某公司经理招聘司机，有两位司机去面试。

第一位司机说："我有多年的开车经验，从来没出过事故，而且遵守交通法规。如果我能应聘成功，我一定把车开得稳稳的，保证经理的安全……"

这样洋洋洒洒地说了足足三分钟，面试官点头说了句"不错"，开始面试第二位司机。

第二位司机说："我为别人开车时一直都遵守三条原则，即听得说不得，开得使不得，吃得喝不得。"

　　如果你是面试官，也会被第二位司机的话所吸引。其实，如果你是在职场中身经百战的老手，自然晓得其中的意思："听得说不得"是指对于领导的话要保密，只能听，不能说；"开得使不得"是指除了上班时间外，别的时间不能开这辆车，因为这是公车，要公私分明；"吃得喝不得"是指能陪领导参加饭局，但是为了保障领导的生命安全，不能喝酒。显然有经验的面试官都会录用第二位司机，这便是说话精简的妙处所在。

简洁的话更有力量

看看下面两句话，你更喜欢哪一句：

第一句话：一般来说，成功的概率多为50%，因为无论这其中有多少影响成功的因素，结果只有两个：要么成功，即达到你的目标；要么失败，即达不到目标。当然，在这之前你必须得有一个目标……

第二句话：不赢就是输。

这两句话都是在谈成功概率的问题，第一句话意思是说"成功的概率多为50%"，这无异于一句空话，或者说是说话者安慰自己的一句话，似乎在告诉自己：只要做，就有一半的成功机会。而后又说，做一件事情要么达到自己的目标，要么达不到，这更是一句空话，因为对于任何一件事来说，只有成功与失败两种结果。

其实，把第一句话简单概述得出的结论刚好是第二句话：不赢就是输。这句话虽然简单，却更有力量，可以说是字字珠玑。

1995年3月初，迈克尔·乔丹复出，继续他的篮球职业生涯。为了宣布这一重磅消息，他的经纪人当时给乔丹准备了新闻发言稿，却被乔丹拒绝了。"我不喜欢这些稿件，"乔丹说，"我要自己来。"他随手抓过一张纸，写下了这样一句话："I'm back."

　　3月18日，迈克尔·乔丹正式发表他的回归声明，以"我回来了"来回应人们关于他职业生涯计划的疑问。就这样，这句简洁却充满力量的宣言成为各大媒体竞相报道的对象，在人们心中留下了深刻的印象。

　　简洁的话语最有力量，迈克尔·乔丹仅用简简单单几个字就表现出了回归者的霸气，让人不得不为之叹服。言不在多，达意则灵。几乎所有演讲大师在演讲时都能做到字字珠玑，用最简洁的语言诠释着语言的艺术。

　　一次，台北某学院举行毕业典礼，邀请著名作家林语堂参加。在他之前已经有几位颇有身份的演讲者进行了演讲，但这几位演讲者的演讲空洞无物、乏味冗长，可谓"懒婆娘的裹脚布——又臭又长"。当时台下的听众已经厌倦了这类没有新意的演讲，显得疲惫不堪。

　　这时，到林语堂演讲了，只见他快步走向讲台，提高嗓门说了这样一句话："绅士的演说应该像女人穿的迷你裙，越短越好。"说完，便径直走下了讲台。

　　台下顿时爆发出了雷鸣般的掌声，而刚才那几位口若悬河的演讲者则面红耳赤，连头也不好意思抬起来。

　　同样还有这样一个故事：

　　在美国南北战争期间，葛底斯堡战役是其中最为残酷的一战，交战双方共损失五万多名兵员。战争结束四个月后，林肯总统到了这里。为了纪念在战争中阵亡的将士，林肯进行了一次演讲。这次演讲只用了十个句子，从上台到下台还不到三分钟，却赢得了15000多名听众经久不息的掌声。这次演讲也是林肯最著名的一次演讲，其演讲手稿也被珍藏起来。时至今日，人们在许多重要场合都会经常提起或朗诵它。

那么，怎样才能像这些演讲大师一样在演讲时做到语言简洁有力呢？

首先，要对自己演讲的内容进行深层次的思考，理清其中的要点，抓住中心，这样在演讲时就不会出现拖泥带水、紊乱芜杂的情况，同时还要注意文字的推敲和锤炼，力求精简凝练，一字不多，一字不少。

其次，在演讲时要尽量多用短句，少用长句。一般来说，长句子所含的信息量较大，结构较为复杂，一旦处理不好，不仅会使演讲者吃力，还会让听众吃不消。而短句则简洁明快、活泼有力。比如，想要表达诸如紧张、激动等情绪时，就应该用一些易听易说的短句。

删繁就简，把复杂的话简单说

一次，马克思的女儿小燕妮请教当时德国一位著名的历史学家："你能将历史缩写成一本简明的小册子吗？"历史学家笑着答道："不必，只要四句德国谚语就够了。第一，当'上帝'要某人灭亡的时候，往往先让其有炙人的权势；第二，时间就是一个巨大的筛子，最终会淘去一切历史的陈渣；第三，蜜蜂盗花，反而使那些花开得更盛；第四，暗透了，便可望得见星光。"

这位历史学家深谙语言简洁之道，他说的这四句话，每一句话都用巧妙的比喻对历史进行了深度的概括，让人对历史产生了清晰而深刻的认识，这便是语言精简的艺术。

要想做到语言精简，其中一个技巧就是长话短说，即删繁就简，把复杂的话简单说。而要想做到这一点，准备工作就得做好。

威尔逊是美国第二十八任总统，他的演说简短有力，很有艺术性和感召力。

有人曾问威尔逊："准备一份十分钟的演讲稿需要多少时间？"

威尔逊说："大约两个星期。"

那人继续问："准备一个小时的演讲稿呢？"

威尔逊说："一个星期。"

那人又问："那要是准备两个小时的演讲稿呢？"

威尔逊脱口而出："不用准备，马上就可以开始讲。"

该怎样理解威尔逊的回答呢？他的意思是，对于一个演讲者来说，他演讲的时间越短，准备的时间就越长。

如果你的准备工作不充分，或是根本没有时间去准备一场演讲，该怎么办呢？那就试试一句话演讲吧！一句话演讲可以是开门见山，直接进入演讲主题。

德国著名诗人、戏剧家贝托尔特·布莱希特十分讨厌那些冗长单调而又没有多大效果的演讲。一次，有人邀请他参加一个作家的聚会，并让他致开幕词。原本布莱希特因为公务缠身，不想参加，但是举办人为了邀请这位大名鼎鼎的诗人想尽了一切办法。面对对方诚恳的邀请，布莱希特只好答应了。

到了开会那天，布莱希特准时到达了会场，并悄悄地坐在最后一排。不巧却被举办人看到了，于是他邀请布莱希特到主席台上就座。主持人先是讲了一些没什么实质性内容的贺词，然后高声宣布："现在，有请著名的诗人、戏剧家布莱希特先生为我们这次大会致开幕词！"

布莱希特站了起来，全场的目光都集中到他一个人身上，他快步走到演讲的桌子前，只说了一句话："我宣布，会议现在开始！"

在这个例子中，我们不能说布莱希特是因为准备工作做得不充分才这么说的。但是如果你的准备时间不够，确实可以这么说，因为像布莱希特这样简短的话，不仅能节省听众的时间，还能加快会议的进程，效果自然不错。

当然，如果你想让自己的演讲不落俗套，就要运用活跃的思维和高超的技巧去锤炼你的语言。

1903年12月17日，美国发明家莱特兄弟驾驶着人类历史上的第一架飞机，实现了人类遨游天际的梦想。之后他们到欧洲旅行，每到一处，当地的人们都会为他们举办盛大的庆功会。一次，他们到了法国，各界名流都来庆祝莱特兄弟的成功。在大会上，人们热情邀请莱特兄弟说几句话，哥哥威尔伯·莱特推托不了，只好走上了讲台，不过他的演讲只有一句话："据我所知，鸟类中会说话的只有鹦鹉，而鹦鹉是飞不高的。"

这句话刚说完，全场掌声雷动，经久不息。

在这场演讲中，莱特完全可以大谈发明飞机的艰难过程，也可以畅谈在天空中飞行的感受，但是他并没有这样做，而是用一句话高度概括了创造的艰难和埋头苦干的精神，给人们留下了深刻的印象。

当然，长话短说并不是刻意去追寻一句话的演讲效果。如果你跟对方并不是很熟悉，刚开始交谈就直奔主题，势必会让人感到唐突，效果自然就不会很好。而如果你跟对方比较熟悉，就可以使用这种方法，尤其在一些比较正式的场合，如商业谈判、会场发言、做报告等时，尽量做到长话短说，把冗长的客套话去掉，抓住重点，做到一针见血，那么你的演讲必定能给人留下深刻的印象。

简单说话的"三字箴言"

在武侠小说中有一种神奇的功夫，只要轻轻一点，对方就无法动弹，任你摆布，这种功夫就是点穴。简单说话的效果就像点穴一样，简简单单一句话，甚至几个字，便能戳中要害。

曾经有一个编剧向一位好莱坞导演推荐自己的剧本，导演递给他一张名片，示意他把剧本写在名片的背面。也许你觉得这位导演是在耍大牌，是在刁难人。其实，一个好的剧本浓缩成一句话并不是不可能的事，而那些情节复杂的烂剧本则无法用一两句话去概括，所以这位导演这样做既是对剧本优劣的考察，也是对这位编剧能力的考验。

其实，简单说话还可以更短，可以短到三个字。在我们的生活中，处处充满了简单说话的"三字箴言"，如"对不起""没关系""我爱你""没听懂"……如果你能好好运用它们，你会发现说话原来可以如此简单！

在谈判桌上，仅仅用三个字就能赢得一场谈判的胜利。我们来看看这是怎么做到的：

一次，甲、乙两家公司为某项交易进行谈判。在谈判之前，甲公司为了谈判成功可谓煞费苦心，搜集了诸多对自己有利的资料。而在谈判当天，甲公司代表一会儿发文件，一会儿放幻灯片，还请来了专家讲解数据和资料。最后甲公司代表得意扬扬地说："看看你们的报价吧，是不是应该调整一下了？"

甲公司自以为胜券在握，但是这时乙公司代表却不紧不慢地说了三个字："没听懂!"这三个字着实把甲公司代表气得不轻，想不到自己大费周折却根本没起到任何作用。生气归生气，谈判还是要继续下去，万一对方是真的没听懂呢? 于是，甲公司又认真地把自己的谈判条件重新讲述了一遍。但是对方仍以一句"没听懂"推了回去。甲公司代表终于明白了，对方并不是真的没听懂，而是在装傻。即使知道了这一点，为了这项交易，甲公司还是硬着头皮把谈判进行了下去，但是为此付出的代价则是不断降低谈判条件，直到对方点头为止。

在这场谈判中，甲公司看似滔滔不绝，牢牢把握住了谈判的主动权，实际上乙公司人员"以不变应万变"的手法才着实高超，因为他们仅仅用"没听懂"三个字就赢得了这场谈判的胜利。这就告诉我们，在说话时简单一些才好，只有简单，才能减少话语中的破绽，才有利于谈判成功。

简单的话语最能打动人心，世上最动人的情话莫过于那句"三字箴言"——我爱你。在电影《大话西游》里，有一段刻骨铭心的情话："曾经有一份真挚的爱情摆在我面前，我没有好好珍惜，等到失去后才追悔莫及。人世间最痛苦的事莫过于此。如果上天能再给我一次机会，我会对那个女孩说三个字: 我爱你。如果要在这段感情前加个期限，我希望是一万年!"

在这句经典爱情对白中，我们感受最深的是"我爱你""一万年"这几个字。相信无论是哪个女孩子，当听到有人含情脉脉地对她说出这几个字的时候，都会被打动。所以在爱情里，并不需要那些天花乱坠的情话，最朴实无华的"三字箴言"往往最能打动人心。

在生活中还有一句"三字箴言"——对不起。在拥挤的公交车上经常会遇到这样的情形: 一个人不小心踩了另一个人的脚，这个人马上抱歉地说:"对不起。"而被踩的人也礼貌性地回了一句:"没关系。"当然你也会看到这样的情形: 一个人踩了另一个人的脚却没有道歉，说着说着两个人吵了起来，甚至大打出手。

　　同一件事情却有着不一样的结果，关键就在于那句"对不起"。"对不起"是生活中常用的"三字箴言"：约会迟到了，要说声"对不起"；走路不小心撞到别人了，说声"对不起"；大家一起吃饭，你要提前离席，说声"对不起"……

　　其实除了这些，生活中还有很多"三字箴言"，如"你真棒""谢谢你""我愿意""大家好""帮帮我"等。要学会简单说话，就要学会生活中的这些"三字箴言"，这样你的生活才会更和谐、更简单。

心急话就乱，急事更要慢慢说

一天中午，四岁的东东忽然一路小跑上了楼。妈妈正在做饭，看到东东着急的样子还以为出了什么事，于是赶忙放下手里的活，问东东："东东，怎么了这是？"东东看到妈妈着急的样子，也开始紧张起来："妈妈，我……看到……一个……"看着东东半天说不出一句话，妈妈着急了，说："别急，慢慢说。"东东更是一句话也说不出来。

我们常说"心急吃不了热豆腐"，说话也是一样。心里一着急，说话时就会吞吞吐吐，半天说不出一个字，不仅自己着急，听我们说话的人也着急，所以遇到急事时更应慢慢说。

小孙在一家公司车间里当质检员，公司年会要表演节目，因为小孙外形好、嗓子不错，所以车间主任就推荐他当了报幕员。可是年会开始前一天，车间主任告诉小孙，总公司的领导要来，所以这次年会一定要办得漂漂亮亮，不能有一丝差错。小孙在车间主任千叮咛万嘱咐后，倍感压力。

等到当天年会快开始的时候，公司的领导也找小孙谈了几句："小孙啊，这次年会十分重要，你要把这个头开好，千万不要搞砸了啊！上台的时候一定要得体大方，千万不能紧张，待会儿……"领导絮絮叨叨说了十来分钟，小孙一句话也没听进去，脑子里嗡嗡响。

等到上了台，看着台下的观众，小孙更加紧张，战战兢兢地拿出节目单一看，差点没晕过去，原来因为紧张，他竟然把一张白纸拿了出来，这下更急了。小孙想起好像是有一个吹笛子的节目，于是便说："下一个节目，吹独子……不是，是独子笛奏……不对不对，是笛子，笛子……"台下的观众窃窃私语："这到底是什么节目？""好像是笛子独奏吧？"听着台下观众的议论，夹杂着哄笑声，小孙别提多难堪了。

有些人就像小孙一样，遇到大事、急事总是十分慌乱。其实无论遇到什么急事，只要慢慢说，就能更好地体现出简洁语言的魅力。这里的"慢"不是指说话时一字一字地说，而是在开口之前要谋定而行、不急躁，即说话的前奏要慢下来。

《三国演义》中有一个场景——青梅煮酒论英雄，说的是曹操一直对刘备存有戒心，于是设宴邀请刘备，一探虚实。席间正值天空乌云密布，曹操问刘备当今天下谁是英雄，刘备列举了几个人，曹操一口否决，并说："当今天下英雄，只有你和我两个！"刘备听后大吃一惊，拿在手中的筷子掉到了地上。刘备这时心中已是十分惊慌，恰在此时，空中响起了一声巨雷，刘备趁机解释说："这雷声太突然了，实在让我害怕，才把筷子掉到了地上。"曹操觉得刘备如此胆小怕事，便有些看不起他，于是放弃了除掉刘备的打算。

在这场心理博弈中，表面上是曹操赢了，但实际上是刘备技高一筹，成功化解了自己的危机。其实刘备心里十分慌张，但是他稳住了心神，并没有在情急之下失言、失态，这得益于他强大的心理素质。我们常说，遇事要冷静，紧要关头只有冷静才能化解危机，这个故事便很好地诠释了这一点。

赵忠祥曾说："你讲得越快，人们能听懂的就越少。"所以无论遇到什么事情，在开口说第一句话之前都要学会放慢自己说话的节奏，告诉自己不能慌，这样才能把你的意图正确表达出来。

有话直言，兜圈子实在不靠谱

一个人在森林里迷了路，很可能转来转去又回到原来的地方，如果带的食物不充足，一直在原地兜圈子，后果可想而知。而在生活中，我们也不喜欢兜圈子。比如，一个朋友想请你帮忙，话题总是绕来绕去，不肯直言，直到你不耐烦地说："有话直说，干吗兜圈子？"对方才说明来意，此时，你很可能已经没了听他说话的兴致，更别提帮他的忙了。

文慧正要出门上班，电话铃声响了，打电话来的是一位许久不联系的朋友。

"最近怎么样？"

"还行吧。"

"那就好，咱们可有些日子没聚了。"

"还真是，要不找个机会聚一聚？"

……

十分钟以后，这位朋友还没有进入正题，文慧看看上班时间快到了，又想着这位朋友肯定有事，于是干脆直接问："你是不是有什么事儿啊？"

"哪有，就是很长时间没见面，想跟你说说话呗。"

"嗯，那行吧，再晚我赶不上公交车了，见面的事之后再说吧。"

说着文慧就要挂电话，那头的朋友却急了，说："你看你这人，上个班还这么急，迟到几分钟又不是什么大事。对了，说到上班，你们单位忙吗？"

文慧一听，这话里有话啊，怎么转到单位去了，不过她还是礼貌性地回道："忙啊，任务多，人手又不够，忙死了。"

"这么忙，怎么不招几个人？"

"这不最近招人呢，不过招人又不是一锤子买卖，你决定要，人家还要考虑要不要来呢。"

"怎么不来？我跟你说我那侄女大学刚毕业，刚好在家闲着呢，学的英语专业，正好合适。"

文慧到这里才明白，原来这位久不联系的朋友是因为这事啊！文慧看了看时间，二十多分钟过去了，心想上班肯定迟到了，不免责怪起这位朋友来：即使是找我帮忙，也不用这样兜圈子啊，还说什么叙旧。文慧越想越生气，于是说："我们单位是缺人，不过不是谁一句话就能决定的，能不能进来就要看你侄女的表现了。好了，不说了，就这样吧。"说完没等对方回应，便挂了电话。

有些人说话办事总爱兜圈子，在他们看来这是一种委婉的表达方式，但是很多情况下不必如此。比如上面的事例中，文慧的朋友想帮自己的侄女找一份工作，其实只要简单的几句询问就可以了，作为朋友，文慧自然也乐意帮这个忙，但是这位朋友却始终在兜圈子，还以叙旧为借口，最终引起了文慧的反感。

对于一件事，如果你想要表达的是A，却非要绕过B，经过C，最后才切入正题，聪明的人可能会理解你的弦外之音，但是对于一般人来说，绕来绕去的话语只能让对方一头雾水，在心中生出一个巨大的问号。

委婉含蓄是一门说话的艺术，简洁直接也是一门说话的艺术。美国著名作家海明威的作品以精练、自然、朴实而著称，一次一位记者问他："你那简洁风格的秘密在哪里？"海明威回答："站着写。"继而又解释说："我站着写，而且用一只脚站着。我采用这种姿势，是为了让我始终处于一种紧张的状态，迫使自己尽可能简洁地表达我的思想。"

在职场中，很多人都有这样的疑问：为什么自己明明是在为公司、为上司考虑问题，但是仍然受到责备？其实这很好理解，因为上司通常很忙，他们更懂得时间的宝贵。所以当你因为一些鸡毛蒜皮的事没完没了地絮叨，或是在一个话题上绕来绕去的时候，他们就会感到厌烦，即使你的建议有价值，也会被当作废纸一般扔到垃圾篓里。所以身在职场，尤其是面对上司的时候，兜圈子实在不靠谱。

有话直言是一种真诚的表现，无论是朋友、同事还是家人之间，都需要有话直言。有人总认为，有话直言未免太傻。其实静下心来想一想，我们的一生中有多少时间来兜圈子？如果事事绕弯子，自己累不说，别人也会累。而有一说一的人，则能让人在最短的时间内接收到最有用的信息。一个是浪费时间的人，一个是节约时间的人，你说哪个更傻？

避免重复、冗长的话语

在电影《大话西游》里，碎碎念的唐僧让人印象深刻，可谓啰唆的形象代言人，比如孙悟空在和他抢月光宝盒的时候，他说："你想要呀？你想要说清楚就行了嘛，你想要的话我会给你的，你想要我当然不会不给你，不可能你说要我不给你，你说不要我却偏给你。"

这么长的一段话，意思其实就是一句话：想要就直说，说了就会给。但是啰唆的唐僧却把简单的一句话经过不断重复，变成了啰啰唆唆的一大段话，让人又生气又好笑。其实在生活中也有人常常犯这样的错误，说话喜欢重复、啰唆。

老梁刚刚担任车间主任，说话做事就拿起派头来了，尤其是说话的时候，总是就一个问题重复、啰唆个不停，美其名曰"强调重点"。

一次厂里开职工大会，老梁上台发言，他先抿了一口茶，眼睛扫了台下员工一遍，才不紧不慢地说："现在有些人讲话的时候总是喜欢重复，重复有什么好？你看我说话就不重复。不过话又说回来，说话做事不能全盘否定。所以我在这里强调一下，说话重复也是有原则的，该重复的时候就得重复，这是因为有的东西不重复，一些人就不重视。但是也不能总是重复，光重复，有人又会说你啰唆。所以我一直强调，开会的时候不要不重复，也不要光重复……"

老梁在台上唾沫横飞，台下的员工却昏昏欲睡，更有些听不下去的偷偷溜掉了。

故事中的老梁可谓说话重复的典范。本来一句话就能搞定——说话是否重复应该视情况而定，但是他偏偏说了一大堆，乃至最后，先前明白的人也听得糊里糊涂，而那些本就没有耐心听、听不明白的人，更是会产生反感。

除了说话重复，还有一些人在说话时总是喜欢长篇大论。其实冗长的话语不仅不利于观点的表达，还会引起别人的反感。世界著名演讲艺术家弗尔特说："你应该时常说话，但不必说得太长，少叙述故事，除了真正贴切而简短之外，不讲为妙。"

一位语言学家做过一项研究，研究结果显示：人们的话语在45秒之内最易理解，最长1分30秒。因为如果按照一分钟讲280个字的速度来算，45秒钟能讲210个字。超过这个限度听者就会感到冗长，超过2分10秒就更难理解。

要想说话言简意赅，我们就必须克服啰唆、冗长的毛病。那么，该怎样做到这一点呢？

1. 少说空话、套话

身在职场的人总是喜欢说一些空话、套话，比如"久仰久仰""早就听过您的大名，今日一见果然名不虚传""感谢领导，感谢公司，感谢大家给我这个机会"等，这些话如果不是必要的，那就少说为好。

2. 紧扣说话主题

有些人讲话时没有把握好主题，往往说着说着就跑偏了。比如，有些领导讲话，本来是要讲工作中出现的一些问题，但是刚讲几句就偏到了整个行业的现状上，然后又扯到公司的环境卫生上。总之，他们总是说到哪儿算哪儿，如果没有时间限制，就会有讲不完的话。为避免这种情况的发生，在说话时一定要紧扣主题。

3. 避免说话重复

有些人说话重复不是故意为之。他们本来是想要强调一个观点，但是又害怕对方听不明白，于是就会用不同的表达方式去反复重复这一观点，而且还会不断地追着对方问："你听懂了吗？"如果有这样的说话习惯，也应当注意。

第三章

短短一分钟，开启你的秒表人生

有人喜欢随身携带一块秒表，在说话时按下秒表来记录时间，短短一分钟就结束了谈话。你以为他没说什么，但是实际上他同你用五分钟说的话一样多，和你用十分钟表达的观点一样重要。如果给你一分钟的时间，你会说些什么呢？本章将教你在一分钟内表达自己的观点。

一分钟"好舌头"训练法

一分钟对于说话简练的人来说很长，因为在一分钟内他们可以说出足够多的有用信息。而对于那些说话啰唆的人来说，一分钟太短了，因为他们还没表达出自己的观点，时间就过去了。

看看那些新闻播报员，如果不能把控时间，哪怕是仅仅错过几秒钟，也算是重大失误。如果那些电视节目主持人不能在很短的时间内妙语连珠，抓住听众的耳朵，听众就会觉得电视节目不好看而换台。

在一档综艺节目中，因为时间关系，导演要求一位节目主持人在一分钟内念完长达几页的赞助商名单，结果这位主持人以每分钟四百多字的惊人语速完成了任务。很快这段视频就在网上被疯传，这位主持人也获得了"中国好舌头"的美誉。

如果你是一位主持人，一定明白语速的重要性。假如在节目最后十秒钟，你仅仅说了一句"下周请继续收看"，那么就会剩下大约七秒钟的空白。对于电视节目来说，即使有短短三秒钟的空白，也会让观众感到莫名其妙，而如果你有丰富的临场经验，你一定会在这最后的十秒钟内传递出更多的信息。

听过相声的人一定听到过相声贯口，小贯口一般十几句，大贯口可长达一百多句，但是相声演员需要在极短的时间内将一段篇幅较长的段子节奏明快地一气道出，似一串珠玉一贯到底。比如，传统贯口《报菜名》中就有这样一段：有蒸羊羔、蒸熊掌、蒸鹿尾儿、烧花鸭、烧雏鸡、烧子鹅……

有人说，这不过是对演员基本技能的要求罢了。其实如果我们把重要的信息在短时间内讲出来，这样不仅能节省彼此的时间，还能让对方听得明白。所以对于繁忙的现代人来说，快嘴也是一种必要的说话艺术。

那么，我们怎样才能练就一张快嘴，练就一条巧舌头呢？

1. 秒表计时训练

日本著名沟通大师斋藤孝总是会随身携带秒表，每当在公共场合说话的时候，他总会打开秒表来提示自己说话时要简洁，并且他的这一行为在日本掀起了一场"简洁说话术"风暴。

我们也可以向这位沟通大师学习。开始一分钟训练之前准备好秒表，可以是正式比赛时用的秒表，也可以是手表，或者是你的手机中的秒表。每当与人交谈的时候，你可以在说话前先按下秒表计算时间，看看你能在一分钟内说出多少值得对方听的话，然后不断检查自己说的话是否有重复之处，从而提高一分钟内说话的"密度"。

2. 自言自语训练

在没有人帮助的情况下，我们可以试试自言自语的训练方法。

首先，你要准备一篇篇幅合适的文章，熟读之后放下，回忆一下文章的内容，然后在按下秒表的一瞬间，开始你的"演讲"，当一分钟到的时候停止，这样就完成了一组训练。

接下来，你要做的就是对照文章检查自己一分钟内说的话，看看自己抓住了多少重点。然后下次训练的时候注意一下。

在训练的过程中，你需要注意以下三点：

第一，练习时一定要发出声来，千万不要默念，即使是声音小一点也没有关系。如果场合合适，最好大声说出来。

第二，练习时尽量讲得快一些，当你能用短短十秒钟完成一句提案或五秒钟内说出两句含义丰富的话的时候，你的目标就达到了。

第三，不要强迫自己说话一定要像那些名流快嘴一样，能在一分钟内说出八成重点内容就足够了。

一分钟介绍自己、推销自己

在人际交往中，与陌生人见面，自我介绍这张名片必不可少。有些人即使和别人见过很多面，对方也不一定会记得他，而有些人初次见面就会给对方留下深刻的印象。假如你有一分钟的时间，你会怎样介绍自己呢？下面就介绍几个小妙招。

1. 我是谁

这是最基本的自我介绍，适用于大多数场合。一分钟的时间，你可以介绍自己的姓名、学历、工作、兴趣爱好、家乡、家庭情况等。具体介绍哪些内容，应该视不同场合而定。

（1）姓名。介绍姓名一般中规中矩就好，比如："大家好，我叫李梅，很高兴认识大家。"当然也可以根据场合适当"秀"一下自己的名字，比如你叫刘星，你可以说："大家好，我叫刘星。不是天上的流星，而是接地气的刘星，刘德华的刘，周星驰的星。希望大家喜欢我。"

（2）学历。在面试的时候，难免要谈到学历问题，这时可以先说出吸引人的部分，比如学校是名校就先说学校，若是高学历就先说学历。如果学校和学历都一般，可以着重讲讲成绩。

（3）工作。介绍工作的时候，可以根据不同场合说一说自己的工作单位及职务。

（4）兴趣爱好。与客户或陌生人交谈，都可以谈谈自己的兴趣爱好，从而拉近彼此之间的距离。

（5）家乡。所谓"一方水土养一方人"，适当谈谈自己的家乡是一种很好的打开话题的方式。比如，说说家乡的美景、美食、人物，通常会引起他人的共鸣。

（6）家庭情况。这原本属于私人话题，但是如果场合合适，可以做一番家庭介绍，用亲情牌打动别人。但要注意，如果你的家庭条件较好，最好不要炫耀。

2. 做过什么

真实的经历更容易吸引对方，让对方关注你，所以要适当谈一谈你的经历，给人留下一个可以亲近的印象。

（1）亮出你的成就。谈经历的时候不妨说一说自己取得的成绩，这不是为了炫耀，而是为了证明自己的能力。比如，在谈合作的时候，谈一谈自己的成就可以让他人对你产生信赖感。

（2）用成长经历吸引人。这种成长经历可以是心理方面的，也可以是事业方面的，不论哪一种，适时谈一谈，让对方看到你一步一个脚印的成长轨迹，都会被你的经历吸引，被你打动。

（3）善于运用数字的力量。在谈经历的时候要善于运用数据，比如面试的时候，你说自己有丰富的工作经验，这是一个十分模糊的概念，倘若你说自己有八年的某方面的工作经验，无形中就增加了自己的含金量。不过要注意，你的数字要可信、可靠，不可胡编乱造。

3. 能做什么

在自我介绍时适当讲一讲自己的优势，尤其是对方所需要的优势，这一点十分重要。

（1）总结你的优势。亮出你自身的优点和特质，展示出你与众不同的能力，使之成为你的核心竞争力。比如，职场应聘时，谈一谈自己的性格优势、资源优势、人脉优势等。

（2）找到对方需要的优势。有时即使你亮出几张底牌，若不是对方想要的，那也是白费力气。如某一个公司需要的是责任心强、抗压能力强的人，而你却大谈自己的兴趣爱好，显然你所谓的特点在对方看来并不是亮点。

（3）用事实证明你的优势。自我介绍不能夸夸其谈，要想让别人信服你，需要用事实证明你的优势，比如讲一件成功利用自己的优势做成某事的事例。

掌握了以上妙招后，在进行自我介绍时还要注意以下两点：

1. 修炼自己的语言

自我介绍时应使自己的语言简洁、有力，不要过于冗长，不同场合要注意不同的用语。比如，做礼仪式介绍时就应该多用一些谦辞、敬辞，以表示对他人的尊重。

2. 善于使用身体语言

为了能让别人记住你，给人留下一个好的印象，还要善于使用身体语言，比如适宜的衣着装扮、合适的举止、赏心悦目的仪容以及真诚自然的态度等。

说出对方的名字是最好的见面礼

在一部电影中有这样一个情节：

一个刚刚毕业的大学生到新公司上班，由于是新人，公司里的前辈都没把她放在眼里。可是等到第二天上班的时候，这位新人第一个来到办公室，每进来一个同事，她都准确地叫出对方的名字并问好，惊呆了所有人。

名字虽然只是一个代号，但是对任何一个人来说，自己的名字仿佛有魔力一般，是所有语言中最甜蜜、最重要的声音。美国著名的成功学励志大师戴尔·卡耐基说："在个人生活与商业交往中，记住别人姓名的能力同样重要。如果你想让别人喜欢你，请记住别人的姓名。这是最甜蜜、最有效的恭维。"

许多人都有过这样的经历：当一个仅有一面之缘的人突然亲切地叫出你的名字的时候，你会有一种被重视的感觉，自然会对他产生好感。而如果你能记住并随时能喊出对方的名字，也会获得对方极大的好感。

一位推销人员去拜访一位客户，拿到这位客户的名片的时候，推销人员眉头一皱，因为这位客户的名字太长了，全名是尼古得·玛斯帕·帕都拉斯。当然完全可以叫他的简称，不过这位推销员并没有这样做，在拜访客户之前，他还是特别用心地把这位客户的名字默念了几遍。

当见到客户时，推销员这样说："早上好，尼古得·玛斯帕·帕都拉斯先生，非常高兴见到您。"对方先是露出十分惊讶的表情，呆在那里，然后几分钟后突然激动地说："先生，我住在这里已经十五年了，但是从来没有一个人用全名称呼过我。"

记住别人的姓名，既是一种礼貌，又是一种情感的投资，当你热情地叫出对方的名字的时候，他会感到自己受到了尊重与重视。

吉姆虽然没有上过学，但是在四十岁之前却被四所不同的大学授予了名誉学位。他帮助过罗斯福在竞选中获胜，当过美国邮政总监，还成了美国民主党全国委员会主席。总之，他的人生充满了传奇色彩。

有一次，一位朋友问起吉姆成功的秘诀，他说："辛勤工作，就这么简单。"

"你别开玩笑了。"朋友显然不相信。

"那你认为我成功的秘诀是什么呢？"吉姆问。

"听说你能一字不差地叫出一万以上朋友的名字，是不是真的？"朋友问。

"是的，不过你说错了！我叫得出名字的人，少说也有五万人。"吉姆回答道。对此，吉姆还说："记住人家的名字，而且很热情地叫出来，无异于给对方一个美妙而有效的赞美。"

拿破仑曾说："虽然我很忙，但是我不会忘记所听过的每个人的名字。"在叫出别人的名字之前，我们必须要记住对方的名字。记住别人的名字并不是很难，即使是短短的一分钟，你也能将一个人的名字牢记于心。

1. 记名字要集中注意力

有的人记忆力好，见一次面就能记住对方的名字。抛去先天因素不讲，在短时间内记住一个人的名字，集中注意力是最好的方法。据研究表明，在记忆力一般的基础上，注意力越集中，重视程度越高，就会记得越牢。甚至一些记忆力较差的人，只要用心去记同他打交道的人的名字，也会记得十分清晰，多年不忘。

2. 翻翻他人的名片

俗话说："好记性不如烂笔头。"对于打过交道的朋友，时常翻一翻他们的名片，或者把对方的姓名记在本子上，经常翻阅，既能加深印象又能借此回忆往事。

3. 忘了名字要补救

我们总有忘记他人名字的时候，比如你在路上遇到一个朋友，却忘记了他叫什么，这时你千万不要因为面子问题含糊而过，而是应该主动问一下对方，或者在谈话结束的时候互相留一下名片。

总之，把一个人的姓名记住，然后很自然地叫出来，无论是初次见面的陌生人还是久未谋面的朋友，对于他们来说这都是最好的见面礼。

开门见山，直奔谈话主题

如果你打电话邀请一位朋友一起去看电影，需要多少时间？你可能会脱口而出：几句话的事，也就一两分钟吧。但是你猜下面这位朋友用了多长时间？

甲："请问老季在吗？我找老季。"

乙："我就是，请问你是谁？"

甲："我是谁？我是谁你不知道啊？不知道的话你猜猜。"

乙："猜？猜不到。"

甲："使劲猜！"

乙："真猜不到，你是？"

甲："我姓罗。"

乙："哦，罗兄啊。"

甲："对对对，是我。我正找你呢。今天晚上有什么事吗？"

乙："没事呀。"

甲："那好极了，听说最近有一部电影不错，去看电影不？"

乙："行啊，什么电影？"

甲："你猜。"

乙：……

半个小时后，甲终于把事情说明白了，而他只不过是想说一句话：今天晚上七点一起去电影院看电影。

当然，这只是一个笑话，但是本来一分钟就能讲明白的事情甲却足足讲了半个小时。这就给了我们一个启示，说话要开门见山，直奔谈话主题，更见效果。

相信很多人在网上聊天的时候，总是喜欢问别人"在不""在吗"之类的话，你没感觉到自己在浪费时间吗？

甲："在吗？"

乙："嗯。"

甲："问你件事。"

乙："说。"

甲："我可以问你一些关于人际交往的问题吗？"

乙：……

当别人在线时，你可以得到及时的回复，但是如果对方不在线，对话就会变成这样：

甲："在吗？"

乙："在。"（五分钟后）

甲："问你件事。"

乙："说！"（十分钟后）

甲："我可以问你一些关于人际交往的问题吗？"

乙：……（一个小时后）

如果你能直接开门见山地说："你好，打扰一下，我可以问你一些关于人际交往的问题吗？"这样，五分钟之后你就会得到答复。但是你把一句话拆成了若干句话说，一个小时后你才得到想要的答案。遇到小事还没什么，但如果是一些比较重要的事情呢？岂不因为你说话委婉而耽误了时机？要知道并不是每个人都会一直盯着手机，尤其是在工作的时候，大家很忙，不能及时回复也很正常。所以在聊天的时候，我们尽可能不要拖泥带水，而要开门见山，直接说正事。

张雷，人们都叫他"雷子"。人如其名，雷子性格直爽，说话常常是开门见山、单刀直入，绝不拖泥带水。朋友给他打电话，他永远是那句标志性的话语："哥，什么事？你说。"他向朋友寻求帮助的时候也是直接爽快："明哥，你有时间吗？我不在老家，朋友家里办喜事，你帮我随份礼金吧。"

相信你的身边也有很多像雷子这样的朋友，他们说话利落，有什么事开门见山，从不浪费彼此的时间。跟这样的人做朋友，你会发现自己的办事效率特别高。

这是一个快节奏的时代，没有人想浪费自己的时间听你委婉含蓄的话，也没有人愿意去揣度你的心事，所以你需要什么、想要表达什么，只要场合合适，开门见山地说就好。

陌生人也能一见如故

人都有一种本能，对陌生的事物会产生一种自我防御心理，所以与陌生人见面，想让对方卸下心理防御很难，而想要做到与陌生人一见如故更是需要技巧。如果你能掌握与陌生人谈话的技巧，无论是商业洽谈，还是求人办事，你都会畅通无阻、如鱼得水。

其实，很多交际高手或访谈节目主持人和陌生人打交道时都懂得运用技巧。

一次，知名学者于丹参加一档访谈节目，主持人为了拉近彼此之间的距离，开始了亲切的聊天："那天我们在办公室里就琢磨，说于丹要上我们节目，大家都特别高兴，说跟她聊什么呀，聊那个老子、庄子，聊两句肯定就露馅了，没人知道那么多呀。说要聊她的个人经历吧，我们大家知道了，也没什么可再聊的。"

主持人顿了顿，继续说："后来我就打了个电话给于丹的一个好朋友，也是我的一个好朋友。我说，你说说这于丹还有什么方面没被大家谈过。她说，你不知道她多受宠啊！我说怎么个受宠法？她说她在家里基本不用做家务……"

就这样，主持人打开了话匣子，而于丹看着这位主持人就像是多年的老朋友，于是很自然地和对方聊起天来，最后这次访谈非常成功。

这位聪明的节目主持人找到了非常好的切入点来打开话题，她先是聊到大家针对和于丹聊什么话题而进行的小讨论，而后又搬出自己和于丹共同的好友来拉近彼此之间的距离，最后借这位朋友之口把话题转到于丹的生活上，这样一番熟络的聊天，任谁都会感到亲切。

可见，与陌生人一见如故就是要学会找到一个合适的话题，迅速打开聊天局面，俗称"套近乎"。其实，与陌生人套近乎的方法有很多。

1. 主动问对方的名字

与人初次见面时，相互介绍必不可少，在别人开口之前问他的姓名，这样会显得你更有礼貌。比如，在问对方一句"请问您尊姓大名"之后，对方告诉了你他的姓名，你要牢牢记住，并立即用这个称呼来称呼对方。如果是碰到了很久不见的朋友，你忘记了他的姓名，但是觉得还有一丝印象，这时要主动询问对方的姓名，"我们好像……""对不起，怎么称呼您"，这样即使是忘记了对方的姓名，对方也不会太介意。

2. 学会扬长避短

陌生人之间往往更注重面子，所以与之交谈必须学会扬长避短，直接或间接地赞美对方，激发对方讲话的兴趣，避免谈及对方的短处，以免伤害到别人的自尊。

霍依拉先生被誉为"销售的权威"，他认为与人初次交谈的时候一定要扬人之长，避人之短。有一次，他在拜访一位百货公司的总经理的时候，简单寒暄之后，他说："您是在哪儿学会开飞机的？总经理能开飞机可真不简单啊！"总经理听对方这样说，立马来了兴趣，眉飞色舞地与霍依拉谈起这件事来。最后霍依拉谈成了生意，并交到了一个新朋友。

3. 聊聊职业，做他的"同行"

俗话说："看菜吃饭，量体裁衣。"在与陌生人交谈的时候，同样遵循这个道理，对不同的人要采取不同的对策。但是我们不能漫无目的、毫无方向地与之闲谈，而是应该寻找与陌生人之间的共同话题。我们发现，无论是什么人，都有一个共性，即喜欢谈论自己喜欢或是自己比较熟悉的东西，比如自己的兴趣爱好、专业、职业等。古代就有俞伯牙、钟子期高山流水遇知音的故事，我们完全可以借鉴一下，在与陌生人交谈的时候谈谈他的职业、兴趣爱好，说一些行内话，这样就会让人感觉到很亲切，产生一种惺惺相惜、相见恨晚的感觉。

谈谈对方得意的事，轻松打开他的话匣子

与陌生人交谈，最难的是如何打开话题。每个人都有自己得意的事，并且喜欢被提及。也许在你看来，它不过是一件微不足道的事，但对于他而言却有着非凡的意义。所以与人交谈可以从对方得意的事说起，这样在不知不觉中，话题就悄然打开了。

一座大型商场即将建成，只待装修工作完成，就可以招商营业了。不过，装修工作还没开始，各家装修公司就争得不可开交了。原来这座商场正好处在市中心，装修要求时尚豪华，这可是上千万的买卖，大家争着抢着想要把这笔大买卖揽下来。然而负责装修项目的吴经理是个金口难开的主儿，找过他的人都是扫兴而归。

李硕是一家装修公司的总经理，他也想争取到这个项目，于是准备去会一会吴经理。没想到，他刚进公司就被秘书告知："您只有五分钟的时间，如果超过五分钟，您就完了。他可是位严厉的大忙人！"李硕笑了笑回应道："谢谢，不过我会把五分钟变成五十分钟的。"秘书不屑地点了点头。

李硕进去的时候，这位吴经理正在埋头整理文件，李硕没有打扰他，而是仔细打量起这间办公室的装修风格来。一分钟后，吴经理抬起了头，简单地寒暄过后，时间又过去了一分钟，还剩下三分钟。这时李硕并没有开口谈生意，而是指着屋内的装饰说："吴先生，刚才我仔细地观察了您这间办公室的装修风

格，老实说，我从事了这么多年的装修工作，还没有见到过这样古朴典雅的装修风格呢。"

吴经理高兴地回答道："谢谢您的夸奖，这间办公室是我亲自设计的，当初花了好一番功夫。"

李硕点了点头，又指着地上的木板说："如果我没猜错，这是英国橡木吧？也只有英国橡木有这样的色泽了。"

"对极了，"这位吴经理高兴地站起身来回答说，"当初为了买到这些橡木可费了一番周折呢，是我托一位英国的老朋友特意按照我的想法去挑的。"说完，吴经理带着李硕仔细参观起办公室来。

而这时五分钟已经过去了，显然这位吴经理心情十分好，没有意识到时间的流逝。就这样一个小时过后，他们才结束了谈话。当然，最后李硕成功拿到了订单。

为什么吴经理最后把这笔大生意给了李硕，而没给其他人？如果当时李硕也像其他人那样一进去就谈生意，那么很可能五分钟过后，这位吴经理就会让他离开。显然李硕没有这么做，而是谈起了吴经理引以为傲的事——办公室的装修，从而打开了话题，就这样李硕成功拿到了这笔订单。

那么去哪里探听对方的得意之事呢？你可以在拜访对方之前做一些准备，如搜集对方的资料，了解对方的成就、兴趣爱好，等等。如果你认识对方的朋友，也可以向其朋友打听这些事情。

不过在谈论他人的得意之事的时候，一定要诚恳，发自内心地敬佩，这样才能打动他，引起他的好感。另外，一定要言之有物，说的话要切合实际，比如到别人家里做客，我们不要不切实际地乱捧主人，而是应该说一说他房间的布置，比如装修风格、精美的壁画、精巧的盆栽等。

总之，如果你能很自然地讲到对方得意的事情，一定能成功地打开他的话匣子。

"三省吾身"，话语也要"安检"

曾子曰："吾日三省吾身——为人谋而不忠乎？与朋友交而不信乎？传不习乎？"后来人们常用"吾日三省吾身"来提醒自己要经常反省自己的行为。说话也当如此，说话之前要思考，说话之后要检查，只有这样，才能不断提升你说话的品质。

当然与朋友、家人的谈话，不必在意是否有确切的含义，只要大家意思相通，即使是无趣的长篇大论也不是不可以。但是在生意场上，你最好不要说那些"无意义"的话。

要想避免那些"无意义"的话语，就必须在心中过一次"安检"，养成检查说话内容的习惯。

1. 检查自己话语的内容

在说话时或是谈话完成后可以检查这几个方面的内容：自己说的话是否简练，是否说了无意义的话，一分钟说了哪些内容，是否说出了重点，是否表达充分了，是否能在一分钟内结束，等等。

如果是一分钟的讲话，检查很容易，但是如果是长时间的演讲，我们应该每隔一分钟就让大脑停下来检查一次，这样在整个演讲过程中就会形成多个检查点。也许刚开始的时候有点难，但是只要经过一段时间的练习，就能养成边说边检查的习惯。

2. 检查对方的反应

我们可以发现这样一种现象：老师在讲台上讲得口沫横飞，而学生却还是睡倒一片；领导滔滔不绝地演讲，台下的下属佯装在听，思想早已开了小差；主持人虽然妙语横生，但是观众却不耐烦地埋怨道："怎么节目还不开始？"

如果你是上述情景中的讲话人，必定想让你的话语更有魅力，从而吸引你的听众。这时你可以通过间接地观察听者的反应来适当调整自己说话的内容、方式，或转换主题，或调整语速、节奏。对方的反应包括是否有发言或是发问，是否表现出烦躁的情绪，是否有"嗯嗯""喔喔"之类的反应，是否注视着你，等等。

总之，要想把话说正确，必须养成自我检查的习惯，这样你才能不断发现说话过程中的不足，进而不断改进。

第四章

细节决定成败，你需要注意的说话细节

细节决定成败。细节因为"小"，所以常常被人们忽略，但是细节又是成功的要素之一，不可忽略。说话同样如此，一个注意说话细节的人往往彬彬有礼，有着优雅的谈吐，会说捧场话，会插话，会赞美他人。所以要想把话说得更漂亮、得体，说话细节不可忽略。

先声夺人，讲漂亮的开场话

俗话说："好的开始是成功的一半。"说话也如此，漂亮的开场话总是能够让你先声夺人，给人留下深刻的印象。如果你是一个演讲者，漂亮的开场话会帮你吸引更多人的目光；如果你是一位销售人员，漂亮的开场话会帮你得到客户的青睐；如果你是一位求职者，漂亮的开场话会帮你提升印象分……

演讲中的第一段话非常重要。高尔基也曾说："开头第一句是最困难的。它好像在音乐里给了全篇作品以音调，演讲者往往要花费很长时间才能找到它。"对于一名演讲者而言，演讲开始的几分钟至关重要，如果有漂亮的开场话，就足以抓住听众的心。

某学校正在举行一场演讲比赛，已经有十多位同学上台演讲了，但他们的开场话出奇地一致："同学们好，各位评委老师好，我是……我演讲的题目是……"大家听着毫无新意的开场话昏昏欲睡。

这时一位同学走上了演讲台："未来的工程师、会计师、厂长、经理们，大家好！"仅此一句，便吸引了所有人的目光。这位同学清了清嗓子，开始了他的演讲。

我们都有过上台演讲或发言的经历，也看到过"千人一腔"的现象，如果想脱颖而出，漂亮的开场话就必不可少。休斯敦的一位演说家说："据我了解，幽默的目的在于让听众喜欢上讲演的人。如果他们喜欢讲演的人，那么也必定喜欢他所讲的内容。"因此，我们可以运用幽默的艺术去开场，帮助自己与听众建立良好的关系，从而达到想要的演讲效果。

曾经有一位身材高大、五官也长得出奇的演讲者上台演讲，他首先环顾了一下四周，然后看了看自己，开口说："女士们，先生们，你们已经看到我是个什么样的人了。"说着，他用手指了指自己，之后接着说："我的耳朵很大，像贝多芬的耳朵。长大以后，我曾因为有这样的耳朵而感到害羞。不过，现在我对它们已经习惯了。说到底，它们对我站在这儿演讲并没有什么妨碍！"台下一阵哄笑。

由此可见，在演讲的时候适当开开自己的玩笑，能帮助你稳定情绪，快速进入状态。与此同时，还能拉近与听众之间的距离，给听众留下深刻的印象。

对于一名销售人员来说，一个漂亮的开场话能迅速打开话题，赢得对方的青睐。一般来讲，销售人员的开场话包括这三点：第一，感谢、寒暄与赞美；第二，自我介绍或问候；第三，介绍来访的目的。

一位销售人员来到了客户的办公室，说："王总，您好！看您这么忙，还抽出宝贵的时间来接待我，真是非常感谢！"接着他环顾了一下四周继续说："王总，看您的办公室装修得如此精致、简洁，可想而知，您必定是个做事干练的人！"（寒暄、赞美）

一番寒暄后，销售人员拿出了自己的名片："这是我的名片，请多指教！"（自我介绍）

互相了解后，销售人员继续说："王总，现在市场竞争激烈，合理优化配置、节省成本成了所有企业关注的焦点，我想王总对这方面也很在意吧？我们公司便是专门提供这方面服务的，所以，我今天来想与您简单交流一下，看有没有什么事是我们公司能协助得上的。"（介绍来访目的）

如果你是客户，也愿意与他谈一谈吧。这便是漂亮的开场话带来的效果。而且细心的你一定也发现了，这位销售人员在表明自己来意的过程中一直在陈述能给客户带来什么价值，这一点十分重要。这就好比不同的人在购买衣服时，有的人考虑的是衣服的品牌，有的人考虑的是衣服的质量，有的人考虑的是衣服的款式，等等。总体来说，对方关注的，就是这件衣服的价值所在。因此，如何找出客户最关注的价值并陈述给客户听，在开场话中十分重要。

如果你是一个求职者，好的开场话定能为你加分，从而影响到面试官对你的印象。但是在面试中，不少求职者在做自我介绍时，十分啰唆，仅是面试官的一个问题他就说十多分钟，这样不仅占用过多时间，而且让人觉得乏味。

那么，应该怎么介绍自己呢？来看一看这位求职者是怎么介绍自己的：

今天能在这里参加面试，有机会向各位请教和学习，我感到十分荣幸。通过这次面试，我可以把自己展现给大家，希望你们能记住我。下面我介绍一下自己的基本信息：我平时喜欢看书、摄影和运动。性格活泼开朗，关心身边的人和事，和亲人朋友能融洽相处，能做到宽容和理解，对自己和生活充满信心。

我曾在一家文化传播公司做了两年的图书编辑，稿件涉及财经销售、亲子家教、保健养生、成功励志等方面。在任职期间，我学到了很多知识。加入贵公司是我一直以来的愿望，如果这次能够顺利入选，我坚信自己能够在贵公司得到锻炼和获得发展的机会，并为贵公司创造更多的价值。

这位求职者干净利落的开场话必定给面试官留下了深刻的印象。当然，在介绍自己经历的过程中还要注意语气，要给人以自信、谦逊、不卑不亢的印象。

人际称谓那点事儿

在人际交往中，称谓一直被看作交际的先锋官、人际关系融洽的晴雨表。虽然称谓仅仅是简简单单的几个字，却是人际交往的一个重要细节，如果称呼得恰当、得体，会让对方心生好感，有利于交际的进一步发展。如果忽视了这个细节，一开口就会让对方心里感到不舒服，甚至引起对方的反感。

一位穿着洋气的女顾客在一家专卖店看衣服，导购员热情、耐心地陪着女顾客挑选衣服。终于在试了几件衣服后，这位女顾客选了一件时尚的上衣。这时，导购员笑盈盈地说："阿姨，您真有眼光，这件衣服可是最新款，也是最流行的呢。"女顾客听了并没有接受这份赞美，而是说："阿姨？你叫谁阿姨呢？我有那么老吗？"说完，把衣服放下就离开了。

我们可以看到这位导购员的服务态度很好，但就因为一个不恰当的称谓而把一单生意毁了，而且还得罪了这位顾客，由此可见，如何称呼别人真不是一件简单的事。

有人说职场如战场，每一步都需要小心谨慎，尤其是职场中的称呼，更应该注意。如果称呼得当，则有利于跟领导、同事搞好关系；如果称呼不当，则往往会引发对方的不快，职场之路也会更加艰难。

　　李先生在一家公司熬了几年，职场之路很是坎坷，眼看自己马上三十岁了，还在一个不上不下的尴尬位置待着，心里很不甘。最近人事变动，生产部的部门经理辞职了，李先生觉得这是一个好机会，于是总是和总经理套近乎。

　　一次会议上，轮到李先生发言了，为了拔高自己，李先生把销售部的王经理称为"小王"，弄得王经理十分尴尬，总经理的脸色也不是很好。结果可想而知，李先生不仅没有当上生产部的经理，还得罪了王经理。

　　事例中的李先生虽然身处职场很多年，但是对称谓这点事儿还是没琢磨透，也许他几年都没有升职的原因就在这里。

　　在职场中，与领导交往应该称呼对方的职务，比如王经理、李主任、马总监等，这样能表达对对方的尊重。当然，一些公司还流行以年龄大小称呼对方，比如哥、姐、姨什么的，显得关系亲密，这样也无可厚非。但是如果是制度严谨的公司，千万不要用此称谓，一来容易引起别人误会，二来也会显得轻浮。

　　同事之间的称呼则可以随便一些，可以根据年龄来叫。比如称呼男性时，稍长几岁可称"老兄"，年幼者可称"老弟"，等等；对于年龄相仿的女孩子，则可以叫她的小名，如丽丽、慧慧等。

　　在日常生活中，如何称呼就比较复杂了。一般来说，对于年长者，应该用尊称，如爷爷、奶奶、叔叔、阿姨、王老、吴老等；若是同辈人，则应该根据不同的关系，礼貌地称呼他人，比如哥哥、妹妹、王哥、李姐等。

　　当然，在使用称谓时也应该有所注意。如常见的"帅哥""美女"这两个词，使用在一些年轻人身上很合适，但是如果对方是一位老者，或是虽然年轻但是长相实在是"不敢恭维"，你还用这两个词，那么就有讽刺之嫌了。

礼多人不怪，谈话中的礼貌用语

古语云："敬人者，人恒敬之；恶人者，人恒恶之。"一个讲礼貌的人往往会受到他人的欢迎和尊重，而一个缺少教养的人，则时常会遭到别人的反感和抵触。所以，千万不要吝啬你的礼貌用语。

在商业活动中，礼貌用语并不是一件不起眼的小事，恰当的礼貌用语能让你更受欢迎，而不当的语言则可能会让你失去一个重要的客户。

一位销售人员偶然碰到一位熟悉的客户。

情形A：

销售员："您好，钱先生，好久不见，最近还好吧？"

钱先生："嗯，挺好的，你是？"

销售员："您瞧，我这一忙就忘了说了。您还记得前不久有一个小伙子到您公司推销产品吗？"

钱先生："哦，我想起来了，对了，上回你推荐的产品不错。"

销售员："是吗？感谢您对我们产品的认可，我们公司最近又推出了一批新产品，您要看一下吗？"

钱先生："好呀。"

情形B：

销售员："你是……老钱？"

钱先生："嗯，你是？"

销售员："我说，老钱，我们之前见过的，你怎么这么快就忘了？你还买了我们公司的产品呢，怎么样，不错吧？"

钱先生："哦，想起来了。嗯，还行吧。"

销售员："我们公司又推出了新产品，你要看一下吗？"

钱先生："我想还是不用了。"

情形A中的销售员主动热情、十分礼貌地和老客户打招呼，最后又谈成了一笔买卖。而情形B中的推销员不注意礼貌用语，使客户听了心里不舒服，更别提再买他的产品了。所以在工作中，要谈吐文明、礼貌，多用一些礼貌用语，如"您好""谢谢""对不起"等，要深信"礼多人不怪"。

当得到别人的关心和帮助时，表示感谢是一种礼貌的行为。比如受人恩惠时说一句"感谢"，得到别人的关心时说一句"谢谢"。并且根据情况的不同，你的感谢之语也应有所不同，比如在一些情况下需要加强表达的语气，"真的谢谢你，这次帮了我一个大忙""多亏你帮忙，要不我真的不知道该怎么办了"等。

人们常说："叫人不蚀本，舌头打个滚。"这句话意在告诉人们要通情达理。所以在日常生活中，热情地打招呼是必不可少的，比如"早上好""你吃过了吗""您老身体可好啊""进家喝口茶歇歇"等。

"礼"还是人们在社会交往时的一种行为规范。而且在现代生活中，人与人之间来往更加注重礼节、注意礼貌。比如简简单单的"请"字就能表现出你的素质，体现出你的真诚。

总之，如果你在平时注意使用一些礼貌用语，不仅可以避免一些交际中的麻烦事，还能使自己的生活更加和谐。

谈吐优雅，开口就能留下好印象

哈佛大学的一位校长曾说过："在造就一个有教养的人的教育中，有一种训练是必不可少的，那就是优美而文雅的谈吐。"一个谈吐不凡的人自然会受到他人的欢迎，而那些说话粗俗的人却会引起他人的反感。

古时候，有一对父子在镇上卖便壶，即我们常说的"夜壶"。父亲在南街卖，儿子在北街卖，一会儿一个人走过儿子摆的摊位前嘀咕了一句："这便壶有点大。"儿子马上接过话茬应道："大了多好，装的尿多。"那人听了，觉得很不顺耳，扭头走了。

这人又经过父亲的摊位前，也说了同样的话，不过父亲却笑呵呵地说："大是大了些，不过您想，冬夜漫长啊！"这人听了，会意地点了点头，买了一个便壶走了。

时间长了，自然是父亲挣得多，儿子挣得少。

在这个故事中，我们看到虽然父子两个人在同一个镇上做同一种生意，但是结果却迥异，是什么原因呢？我们不能说儿子的话说得不对，但是不可否认，这样的话确实粗俗了一些，本来买便壶就有一些私密因素在里面，儿子一番直通通的大实话让听者觉着别扭，自然不愿意买他的便壶。而父亲却把这些大实话说得十分含蓄、委婉，一句"冬夜漫长啊"，看似答非所问，实际上却很好地说出了便壶大一些的好处，顾客买下来也就很自然了。

优雅的谈吐是一种能量，就好像磁场一样，能够不动声色地吸引你周围的人。比如在演讲、谈判，或是与人初次见面交谈时，优雅的谈吐更能给人留下深刻的印象，赢得他人的好感。同时，优雅的谈吐还体现着一个人的文化修养，是文明、礼貌的表现。

你要知道，不雅的谈吐难免会给你带来麻烦。一位日本小说家曾这样说："日常生活中大部分的摩擦冲突都起因于恼人的声音、语调以及不良的谈吐习惯。"你如果善于观察生活中的一些小细节，就会发现一个人谈吐不雅，可能会给他带来很大的影响，比如人际关系不和谐、家庭不和睦、事业不顺利等。如此看来，优雅的谈吐对于一个人来说十分重要。那么我们怎么做到谈吐优雅呢？

1. 态度要诚恳、亲切

说话者的态度往往是一场谈话中的关键，有怎样的态度就有怎样的谈话结果，所以要想学会谈吐优雅，首先要态度诚恳、亲切，这才能显示你的善意。比如，你向他人表示祝贺的时候，应该真心真意地祝贺对方，如果你态度冷淡，即使你的话十分好听，对方也会认为你没诚意，只是在敷衍他而已。

2. 用谦逊、文雅的语言

在交谈中多用敬语、谦语和文雅的话语，比如称呼上多用"您""先生""小姐"等；互相介绍时多用"贵姓"来代替"你姓什么"；平时谈话时避免粗俗的语言，少用"发霉""发臭"等词语，而用"不新鲜""有异味"等来代替。这样便能体现出你的文化素养，同时也体现出你对他人的尊重。当然，使用雅语不是机械的、固定的，只要谦逊、文雅，就会给人留下彬彬有礼的印象。

3. 避开个人隐私和粗俗话题

在与人交谈时，凡是涉及个人隐私或是一些避讳的内容时，都要闭口不谈，而对于一些粗俗的话题也不要去触碰，否则让人感觉你品位低下，甚至还有可能会冒犯对方。

4. 切忌指手画脚

有些人说话时喜欢带手势，当然在适当的场合，说话带手势能增强你的表达效果，但是最好不要做过了头，变成指手画脚。通常来说，一个人说话时指手画脚，并不能为他增添气势，反而会让人觉得他缺乏教养。要知道，不带手势并不会对你的谈吐造成影响，而滥用手势则可能影响他人对你的印象。

5. 不要逞口舌之快

在日常生活中，我们难免会遇到与人意见相左的时候，急性子的人会与他人争个面红耳赤，而谈吐优雅的人则会心平气和地与他人据理力争。前者，虽然在争论中可能会占上风，但是换来的往往不是对方真心真意的顺服，而是对你的不满。而后者，即使你没有争过对方，对方也会觉得你这个人谦逊，懂得照顾别人的面子，从而促进感情的加深。所以当与他人在想法上有分歧的时候，一定不要逞口舌之快，而要心平气和地同对方谈话。

学会插话，刷一刷自己的存在感

著名哲学家培根曾说："打断别人、乱插嘴的人，甚至比发言者更令人讨厌。"

在生活中，你也许有过这样的经历：当你和一位朋友聊得正火热的时候，另外一个朋友突然半路"杀"了进来，打断了你的谈话，你想要重新拾起话题，却不知道讲到了什么地方。当你正在苦苦思索一个难题，灵光闪现的那一瞬间，一个不和谐的声音打断了你的思维："喂，下午去逛街不？"当你正在进行一项重要谈判的时候，一个朋友推门而入，打断了你和客户的谈话，客户告诉你改天再谈，其实很可能你已经失去了这位客户。

张斌和李伟是大学同学，也是很好的哥们，两个人毕业后工作的地方又离得不远，所以张斌有事没事就找李伟聊天。一天，李伟正在和一位大客户谈生意，公司里的人都知道张斌常来，也没在意，却不想张斌找到了李伟的办公室，没敲门直接走了进去。看到李伟正和一位客户谈话，张斌便说："哟，谈生意呢？"说着坐在了沙发上，继续说："跟你说，我刚才在大街上看到了一个……"

李伟赶紧向张斌递了一个眼神，示意他不要继续说了，但是张斌哪里看得出这些。客户见谈生意的话题被打断，起身对李伟说："你先跟你的朋友谈吧，我改天再来。"说完就走了，当然这位客户再也没有来。李伟因为张斌乱插话搅了自己很大一笔生意而十分恼火，好一阵子没跟张斌说话。

有些人就像张斌一样，并不会事前告诉你，说他要插话了，让你有一个心理准备，而总是突然"杀"入你与他人的谈话中，让你猝不及防。而且不管你在谈论什么，他都会把你的谈话主题转移到他感兴趣的方面。这样的人通常都会遭到别人的厌恶。

但是插话又是一个重要的社交技巧，不得不学。比如，当你的女朋友喋喋不休地抱怨时，当你的孩子大喊大叫不听话时，当你的顾客情绪激动地对你乱加指责时，当你想要加入他人的谈话以表现你的合群时，等等，你都需要学会插话的技巧。

那么，如何插话才不会令人厌烦呢？

1. 用插话表达倾听的意愿

当和对方聊天的时候，对方可能会担心你对他的话题不感兴趣，所以会表现得吞吞吐吐、犹豫不决。此时，你可以趁机说一两句打消对方顾虑的话，或是一些安慰的话，以表达自己倾听对方说话的意愿，比如，可以说"你可以和我详细说一下那件事的经过吗？我知道得不是很清楚""请你继续说，我居然不知道""你说的这件事我很感兴趣"之类的话，这样便能表现出你愿意倾听的态度，坚定对方继续说下去的信心。

2. 用插话来引导话题

与人聊天，必须学会用插话来引导话题，比如，说一些"你觉得事情是""你想告诉我"之类的话语。当对方向你诉说某件事，但由于心烦、愤怒等原因而不能很好地控制自己的情绪，不能很好地表达心中所想的时候，你可以用简单的几句话把对方的意思概括一下，引导他们说出心中的不快，等到他们发泄完了自然会感到轻松、解脱，也就会顺利地完成接下来的叙述。

不过需要注意的是，不要陷入盲目安慰的误区，比如，说一些诸如"他不对""你是对的"之类的话，而应该对他人的话做出正确的判断与评价。另外还需要注意一点，即必须要根除随便打断别人说话的陋习，即不要用不相关的话题打断别人说话，不要抢话，不要闯入别人的私密谈话，等等。

"花花轿子人抬人"，学会说捧场话

鲁迅先生曾经写了一篇短文叫《立论》，里面有一个精彩的小故事：一户人家生了一个小男孩儿，全家人都十分高兴。在孩子满月的时候，人们都来看。大家说的都是一些捧场话，有的说这孩子将来要发财的，有的说这孩子将来要做官的，家人都很高兴，感谢一番。可是有一个人却说："这孩子将来是要死的。"于是，这个人被大家一顿痛打。

可见说捧场话也是一门学问。在生活中，为人处世，必须要会一点儿捧场话。

晚清有一个传奇式的人物叫胡雪岩，是当时最负盛名、富可敌国的红顶商人。胡雪岩虽出身贫苦人家，不甚识字，但是后来在机缘巧合下做了一名商人，并且得到了晚清名臣左宗棠的赏识。于是短短十几年时间，胡雪岩借助政府的关系开钱庄、设当铺、办药厂……可以说是当时的"中国首富"，为此他还获得了慈禧太后亲授的红顶戴和黄马褂，得到了莫大的荣誉。

对于他的成功，后人总结出诸多原因，但纵观胡雪岩的一生，他的成就完全可以用他常挂在嘴边的一句话来概括，那就是"花花轿子人抬人"。

古时候人们出行没有轿车，却有轿子，轿子的种类有很多，但无论是什么轿子，抬轿子的是人，坐轿子的也是人，渐渐地人们总结出了这句俗语："花花轿子人抬人。"

"花花轿子人抬人"，意思是说，人们说话办事要懂得相互捧场，人捧人，越捧越高，你也高，他也高，对大家都有好处。在实际生活中，求人办事、请客吃饭等特定场合，都需要捧场，那么我们应该如何说好捧场话呢？

1. 让尊重、赞美先行

人们常说："人敬我一尺，我敬人一丈。"首先，如果想得到他人的尊重，必须先要尊重他人。所以，跟德高望重的人或自己的师长前辈交谈时，要给予对方足够的尊重。

其次，赞美的语言必不可少。人类行为学家约翰·杜威曾说："人类本质里最深远的驱策力就是希望具有重要性，希望被赞美。"所以不要吝惜你的赞美之词，尤其是别人取得成绩或是进步，你要给予肯定、赞扬和鼓励。

2. 捧场话也要平易近人

捧场话并不都是交际中的应酬话、恭维话，也可以是生活中一些简简单单的话语。比如，你和一位朋友逛街，他看上了一件衣服，问你的意见，你觉得不好看，但是如果不是特别要好的朋友，还是不要直说"这件衣服不适合你"，而是应该说几句捧场话，例如，"这件还不错，那件呢？看看那件怎么样"或是"这件很好看，但是那件似乎更适合你"。

比如，你是一名服务员，你的顾客挑了一件衣服，在试穿的时候说："这件衣服太大了。"这时你不要说"这件衣服并不大，它属于宽松的款式"，而是应该说："是的，这件衣服是有一点儿大。但是，大一点儿才会显得宽松啊，是吧？"

再比如，你的朋友想要辞职，这时不要说："你不在这儿干，要去哪里？辞职后你有什么打算啊？"而是应该说："无论你怎么做我都会支持你的，不过我认为你找到下一份工作后再辞职会更好，你觉得呢？"

为人处世，就要学会在合适的场合说一些捧场话，这样你的人际关系才会更加和谐，职场之路才会走得更远。

停顿是为了更好地表达你的观点

在语言交际中，适当的停顿不仅可以避免产生误会，而且在某些特定的语言环境中，还可以帮助表达者更好地表达自己的观点。"此时无声胜有声"便是对停顿这一效果最好的描述。

为什么说话需要停顿呢？

一位成功的演说家在总结自己的演讲经验时这样说："我多次告诉我的学员们，在说话时要善于运用停顿的技巧。因为作为一个演讲者，如果你不断地说话，听众会产生疲劳，使得他们的耳朵和大脑都无法接收到有效的信息，那么你的演讲就是毫无意义的。相反，如果你在演讲的过程中适当地停顿，听众会十分好奇，这有利于你接下来的演讲。为此，我还让学员们在每页纸上只写一句话，然后读一句，翻一页纸，让他们体验停顿的妙处。"

写文章时，作者为了让文章的意思表达得更清楚、更有魅力，需要用标点符号将不同的句子、词语隔开。说话也是同样的道理，适时停顿，可以让你的话更有节奏，更有含金量。那些成功的演讲家正是在演讲中恰当地使用了停顿，才获得了更好的说话效果。

美国苹果公司的联合创办人乔布斯是商界的奇才，也是驾驭停顿的高手。在一些重要的产品发布会上，每当乔布斯要阐述一个重要的观点时，总是会沉默几秒钟。比如，在发布一款笔记本电脑时，他这样说："今天，我们将向大家推出第三类笔记本电脑。"他停顿了几秒钟，然后接着说："它就是MacBook Air系列。"接着又是几秒的停顿，之后爆出一句："它是世界上最薄的笔记本电脑。"这句话讲完，台下为之癫狂，经久不息的掌声回荡整个会场。

乔布斯用停顿的艺术先成功吊起了听众的好奇心，然后留给自己足够的时间去自由、准确地诠释想要表达的思想和信息，这样卖足了关子，观众定会买账。

由此可见，停顿就是卖关子。比如，你和你的好友正在闲聊，突然你停了下来，然后告诉他："我要告诉你一个秘密。"这时你的朋友一定会竖起耳朵认真听，因为他们会觉得接下来你要说的事情十分重要。

那么我们应该如何恰当地使用停顿呢？

首先，我们要准确把握不同语境下停顿的内涵。比如，停顿既可以表示默许，又可以表示保留己见；既可以表示犹豫不定，又可以表示达到某种目的决心；既可以表示抗议、愤怒，又可以表示惭愧、心虚……所以在使用停顿之前，我们要想好自己的停顿是要表达什么含义。

其次，要正确把握时机。一方面要注意不能滥用停顿，不分场合地滥用停顿，会让人觉得矫揉造作。另一方面，停顿的时间长短要适度。停顿的时间太短，听众来不及反应，等于没有停顿；停顿的时间过长，听众就有充足的时间为接下来的高潮做好准备，你强调的话反而会变得平淡无味。至于停顿多长时间，则要根据你说话的内容、目的、对象以及场合而定。

最后，停顿的时候要恰当地辅以其他态势语言。比如，以"目"说话，目中传情；以"表情"说话，或严肃，或喜悦，或忧伤，或愤怒；以"感情"说话，通过坐相、站姿传递信息。

真诚的赞美，没有谁会拒绝

妻子看到丈夫最近总是闷闷不乐，于是想找丈夫聊聊。

妻子："亲爱的，你最近怎么总是闷闷不乐的？"

丈夫："嗯，是工作上的一些事情。"

妻子："你的新工作不是很好吗？前段时间你还向我炫耀呢。"

丈夫："嗯，公司待遇是不错，就是上司太不通情理了，无论我把方案做得多么完美，上司总是淡淡地说'哦，好吧''那就这样吧'，连一句赞美的话也没有。"

看了这段话后你有什么感想？也许你觉得对话中的丈夫太孩子气了，仅仅是因为没有受到领导的夸奖就闷闷不乐，但是如果事情发生在我们身上呢？恐怕我们也会被这样的"小事"影响情绪吧！

为什么会这样呢？这是因为爱听赞美是人类的天性，没有人能拒绝赞美的诱惑。对此，美国著名作家马克·吐温曾说："我可以为一个愉悦的赞美而多活两个月。"大文豪萧伯纳曾说："每次有人吹捧我，我都头痛，因为他们捧得不够。"可见赞美是多么重要，多么受人喜欢。

一天，一个穷困潦倒的青年，出于对戏剧事业的向往，只身来到了巴黎，但是迫于生计，他最终只好向父亲的一位朋友求助。

"你精通数学吗？"父亲的朋友问。

青年羞涩地摇了摇头。

"你历史、地理怎么样？"

青年又不好意思地摇摇头。

"那法律呢？"

青年还是只能摇头。

"那你先把自己的住址写下来吧，我总得帮你找份工作呀！"

青年惭愧地写下了自己的住址，正要转身走的时候，却被父亲的朋友拉住了："年轻人，你的名字写得很漂亮嘛，这就是你的优点啊！"

"把名字写好也是一个优点？"青年暗淡的眼神里终于有了一点光芒。"能把名字写好，就能把字写得叫人赞叹，就能把文章写好！"父亲的朋友点了点头说。青年听了很高兴，就这样，这位青年做了一名文书抄写员。数年后，青年果然成了一名作家，他就是家喻户晓的著名作家大仲马。

如果你觉得这个故事太过久远，我们来看看发生在我们身边的一个故事：

一位女大学生找到心理辅导员诉说自己的烦恼："我们宿舍的人际关系十分紧张，大家虽然是在同一个屋檐下生活，但是一点也没有集体意识。大家经常各忙各的，似乎每个人都有戒心，很难真心交谈。我想改变这种状况，但是不知道怎么做才好。"

心理辅导员想了想，对她说："从现在开始，你要试着去赞美他人，比如'你今天真漂亮''你的眼睛真好看''这件衣服真适合你'等。"

过了一段时间，这位女大学生开心地告诉辅导员，大家完全变了一个样，开始彼此关心、有说有笑，宿舍也成了一个温馨的小集体。

真诚的赞美最有力量。如果你是赞美的给予者，当你赞美他人的时候会收获一份快乐；如果你是赞美的接受者，可以在赞美中受到鼓舞与激励，获得心理上的满足。赞美还是心与心的真诚交流，可消除人与人之间的隔阂，拉近人与人之间的距离。

如果你是一个领导，对下属说："你的业务能力很强。最近项目催得紧，有一件事我们希望得到你的帮助。"相信听完这话，你的下属一定会为你分忧，即使一个人干了两个人的活儿也毫无怨言。

如果你是一位父亲或是母亲，经常称赞孩子，"儿子你真棒，爸爸为你感到骄傲""妈妈相信你能自己克服困难""宝贝今天真乖，如果你能自己穿衣服就更好啦"等，孩子会慢慢变得更自信、更活泼开朗，受人喜爱。

如果你是一位丈夫或是妻子，也应该经常称赞对方，因为在家庭生活中，丈夫希望得到妻子的鼓励，而妻子也希望得到丈夫的欣赏，学会赞美会让你的家庭生活更加和谐。

一个气球再漂亮、再鲜艳，如果吹得太小，也不会好看；可如果吹得太大，则很容易爆炸。赞美就如同吹气球一样，应该点到为止，否则你的赞美就会让人感到缺乏真诚，赞美也就成了虚伪的奉承。

第五章

提问抓重点，让问题更有价值

你懂得提问的艺术吗？为什么有的人能通过提问获取有用的信息，而有的人却只得到一大堆没用的答案；为什么有的人能通过提问迅速和对方攀谈起来，而有的人根本得不到对方的回应。其实你是没有抓住提问的重点，所以你的提问才没有任何价值，也没有任何效果。反之，如果在提问时你能抓住重点，效果就会大相径庭。

主动提问，掌握话语主动权

在一场谈话中，如果你掌握了话语的主动权，就可以充分表达自己的想法，可以成功地说服他人，可以把自己的产品推销出去……而想要掌握话语的主动权，首先要从主动提问开始，正如一位哲人说过的那样："只有在提问的那一刻，你才掌握着谈话的主动权。"唯有主动提问，才能更容易了解他人内心的真实想法，从而达到你期待的效果。

客服："您好，请问您想要咨询什么问题？"

客户："我的流量套餐是一个月三百兆，但是我看到短信上说又多出一百兆的流量，我想问一下，这个流量是全国通用的吗？"

客服："您稍等，我帮您看一下。您好，先生，您说的这个流量是省内通用的，不是全国通用流量。请问您还有什么别的问题吗？"

客户："现在的智能手机太费流量了，以前一个月三十兆都用不完，现在三百兆都不够用……"

客服："确实，手机更加智能了，也更加费流量了，您是想换一个流量套餐吗？"

客户："嗯，是的。"

客服："请问您是经常在省内，还是经常在省外？"

客户："省内，有时公司出差会到省外。"

客服："您的流量资费预算是多少呢？"

客户："不能太贵，差不多一个月三十元就可以了。"

客服："嗯，好的，先生，您可以听一下这个套餐，很适合您……"

客户挂了电话，给了客服人员一个好评。

通过主动提问，客服人员可以更好地了解客户的需求，控制谈话的细节，所以那些经验丰富的客服人员总是会通过一些有针对性的提问来逐步实现自己的沟通目的，即根据客户的需求提供更好的服务。

如果你是一位推销人员，在和客户沟通时直奔谈话主题，往往很难打动客户的心。其实很大程度上是因为你没有了解客户的真正需求。如果你懂得提问的艺术，通过主动提问，了解了客户的需求后再与客户沟通，相信结果就会大有不同。

当然主动提问也不是随便发问，你可以试试"三步提问法"，即"什么""是什么（具体）"和"为什么"。

一天早上，一位老太太提着篮子到菜市场买菜，在经过一个卖水果的小摊时停了下来，卖水果的小贩问："您来点水果吗？"

"都有什么水果？"老太太随口问。

"苹果、香蕉、葡萄、李子、桃子……"小贩开始介绍起来。

老太太看了看李子，摇摇头走开了。没走几步，老太太来到了另一个水果摊前。卖水果的小贩问道："您买点儿什么？"

"有李子吗？我想买点李子。"老太太说。

"您看看，我这有好几个品种的李子，您买什么样的？"小贩继续问。

"我想买点酸李子。"

"别人都是买又甜又大的李子，您为什么要买酸李子呢？"小贩非常好奇地问。

"我儿媳妇怀孕了，想吃点酸的。"

"老太太，您对儿媳妇可真好！儿媳妇想吃酸的，就说明她想给您生个孙子！"

老太太听了合不拢嘴，买了一些李子，愉快地走了。

故事中第一个小贩急于推销自己的水果，一上来就大肆介绍自己的水果品种多么齐全，但是老太太只是想买一些酸李子而已，这位小贩没有了解顾客的需求，自然什么也没卖出去。而第二个小贩却巧妙地利用"三步提问法"主动提问，将李子卖了出去。

在谈话的过程中，面对别人的提问，我们不能总是被动地回答，尤其是在没有弄清楚对方提问的真正目的的时候，盲目地回答毫无意义。如果你是一位销售人员，还会因此丢掉一笔订单。这时，你大可主动把对方的问题丢回去。

顾客："请问这个布料还有其他颜色吗？"
销售员："您最喜欢什么颜色的布料呢？"

顾客："你们的衣服都是这样的款式吗？"
销售员："您喜欢什么款式的衣服？"

对于上面的问题，如果销售人员大费周折地介绍布料的其他颜色、衣服的其他款式，就很难弄清楚客户真正的需求，甚至会因为喋喋不休而使顾客感到厌烦。而通过巧妙地反问，主动去了解客户的需求，然后再引导客户朝你希望的答案靠拢，就能获得谈话的主动权，既节省了时间，又能达到想要的效果。

利用好奇心，让对方问"后来呢"

在某一年的愚人节，电视中出现了这样一则广告：不能PS，不能化妆，不能整容，如何让一个人看起来更美？然后屏幕下方仅有这样一句话：4月8日揭晓悬念。这个被网友们称为"史上最难话题"的广告掀起了轩然大波，大家纷纷想知道这家以传统家电制造为主的企业究竟在卖什么关子。

这则广告其实是充分利用了消费者的猎奇心理。如果你听过评书，就会发现，每当一回结束的时候，说书人都会抛出一句"欲知后事如何，请听下回分解"。由于好奇心，我们想知道后来发生了什么，于是一面猜想着后面的故事情节，一面带着疑问去听接下来的评书，直到听完为止。

这就给了我们启迪，在提问的时候，如果你能让对方主动问我们"后来呢"，就说明对方对我们的话已经产生了兴趣。而如果你是一名销售员，也许这个方法能帮你拿下一笔大订单。

张铭高中毕业后就在大城市打拼，转眼五六年过去了，他已经成了一名销售经验丰富的房地产销售人员。每当有难搞定的客户的时候，只要张铭出马，定能摆平，因为在这几年的摸索中，张铭已经总结出了一套提问技巧。

一天，一位中年男子说要买房，新来的销售员小张带他去看房，可是挑来挑去，这位男子不说买也不说不买，让人捉摸不透。第二天，这位客户又来了，小张试了几次都没有拿下这位客户，张铭走了过去说："先生，您好，看您的样子已经在这里打拼了好些年了吧？"

"嗯，不错。"男子点了点头，看了眼张铭。

"我记得我那时候高中毕业，因为没有考上大学，便来到这里打拼。刚来这里的时候，还坐反过好几次地铁。在大城市也没什么朋友，我真的不知道该怎么生存下去。"说到这里，张铭刻意停顿了一下。

"后来呢？"这位男子忍不住问道。

"后来我遇到了一位销售员，他做房地产的，帮我介绍了这份工作，我们也成了朋友，这样我才能在这里勉强生存下来。"

"哦，原来是这样，也真是不容易。"男子深有感慨地说。

"是啊，赚钱真的很不容易，所以如果是我的客户，我就会为他们挑选一些性价比很高的房子。您看看您需要什么样的户型呢？"

"嗯，要三居，最好外面的阳台要宽敞一些……"

就这样，张铭带着这位男子看了很多户型，最后成功卖出了一套房子。

当你讲一件事情，讲到一半就戛然而止的时候，听者自然会好奇地问你："后来呢？"张铭就是很好地利用了这一点，先是感同身受地表达了在大城市打拼的艰辛，激起客户的兴趣，然后在为客户解答疑问的过程中让彼此产生共鸣。

那么我们该如何让对方提出问题呢？其实很简单，你可以跟对方讲一个故事，其间停顿几次，每次停顿的时候观察对方，如果对方问你"然后呢""后来呢"，就说明他已经被你的谈话所吸引了。如果他没什么反应，或是把话题扯开，则说明你的话题并没有引起他的注意，这时就要换一种方式把你刚才说的事情再讲一遍，比如："我之前有一个同事，他工作一直很努力，为人老实，可是有一天他突然辞职了，与此同时，公司里的一份档案资料也消失了。"这时对方一定会情不自禁地问："后来呢？"

直接提问，问题不需要伪装

直接提问总给人一种唐突的感觉，所以很少有人采取这种直截了当的方法。事实上，一门心思给语言披上华丽的外衣的人，往往会错失机会。

一个小镇上有一条街，全部商户都是做绸缎生意的，竞争十分激烈。虽然每天过往的顾客络绎不绝，可是真正进店里买的却不是很多，很多人都是看一看就走了。在街东角新开了一家店，店主姓王，新店开张本来是一件喜庆的事，可是这位王掌柜却愁坏了，因为开张了几天了，还没有一位顾客光顾，但是对门那些老字号的生意却十分红火。

有人对王掌柜说："王掌柜，做生意你得让大家看到，让大家知道你在做什么生意。把你的绸缎挂出去，人们看到了自然会买。"王掌柜一听，急忙找人在外面搭起几根竹杠，把绸缎挂了出去，吆喝了起来："快来看看哟，物美价廉的绸缎。"王掌柜的嗓子都喊哑了，可是买的人还是很少，大多数人只是过来摸摸、看看，摇摇头就走了。

王掌柜不知道为什么自己的绸缎卖不出去，十分苦恼。这时恰巧一位朋友经过这里，对王掌柜说："为什么不直接去问问人们需要什么样的绸缎呢？也许你卖的并不是他们所需要的，即使你的丝绸再华丽，他们也不会买的。"王掌柜点了点头，若有所悟。

不一会儿，一位妇人过来看绸缎，王掌柜问道："您要买什么样的绸缎呢？"这位妇女答道："我本来想买薄一点、花纹多一些的绸缎，可是你这里的绸缎太厚了。这里四季如春，即使是冬天，也穿不了你这么厚的绸缎。"于是，妇人摇摇头走了。王掌柜这才明白，原来是自己绸缎的料子太厚了，于是立即换了一批薄一点的绸缎挂在了外面，果然，渐渐有了生意。

很多时候如果话说不到点子上，即使说话再动听也没有效果。就像是这位王掌柜一样，人们需要的是薄一点的绸缎，他却把人们根本不需要的厚缎子挂了出去，即使他再吆喝，人们也不会买。

很多销售员为推销不出去产品而苦恼，其实你可以问一下自己这几个问题：我有询问过客户的需求吗？为客人提供服务时我是否直率地要求对方给自己一个满意的价格？我是否真诚地询问对方怎样才会认可自己的服务？

有一位图书推销员，在见到顾客后，她总是直截了当地提出三个问题。

第一个问题："如果我送给您一套提高个人效率的书籍，您打开书发现内容十分有趣，您会读一读吗？"

第二个问题："如果您读了之后非常喜欢这套书，您会买下吗？"

第三个问题："如果您没有发现其中的乐趣，您把书重新塞进这个包里寄回给我，行吗？"

就是凭借这三个问题，这位图书推销员获得了巨大的成功。后来，这三个问题被该公司的全体推销员所采用，这家公司的业绩也蒸蒸日上。

如果我们能在提问的同时给出问题的答案，而这些答案正好是对方所需要的，那么我们的提问就成功了。

一位推销员在见到一位客户后这样说："我叫××，是××公司的销售员。我可以肯定我的到来不是为你们添麻烦的，而是来与你们一起处理问题，帮你们赚钱的。请问您对我们公司了解吗？"

看到客户不说话，推销员继续说："我们公司已有二十多年的历史，在这个行业内，我们公司规模最大，我们的产品占有30％的市场，其中大部分都是回头客。对于您来说，这些也正是您的公司所需要的。"

这样，一个简单的自问自答，不仅会吸引对方的注意，还会让对方迫切地想知道他过去的客户得到了哪些利益，而自己将会从中得到哪些好处。所以谈话也顺利展开了。

问题不需要伪装，直接提问就可以了。如果你想见某人，就拿起电话打给他，诚意地邀请对方；如果你遇到了困难需要朋友的帮助，就直接真诚地提出来；如果想要加薪、提升职位，就直接找上司沟通。要记住，问题不说出口，你只会与机会失之交臂，而简单直接的提问，不一定会得到对方的有效回应，但是至少为自己争取了机会。

不说空话，做到有效提问

球王贝利超凡的球技令千千万万的球迷心醉，即使是赛场上的对手也十分敬佩他。在贝利获得球王的称号后，有人问贝利："你哪个球踢得最好？"贝利回答说："下一个"。

当贝利创造了进球满一千的纪录后，有人问："你对这些进球中的哪一个最满意？"

贝利回答说："第一千零一个。"

我们每天都会向他人提问题，比如："你中午吃饭了吗？""你坐公交车吗？""怎样才能保持好身材？""哪个牌子的衣服好？"这些问题中，有的提问得到了很好的答复，有的提问则被别人抛在一旁，这是因为，有的问题已经是被人问烂了的问题，我们来看下面这个例子。

一位当红歌手刚出了新专辑，媒体纷纷抢着采访、报道。

记者："你对自己的新专辑满意吗？"

歌手："还好。"

记者："哪一首歌是你最满意的？"

歌手："下一首。"

记者："在以后的专辑中你还会坚持这种风格吗？"

歌手："会的。"

记者："歌词的一些内容和自己的亲身经历有关吗？"

歌手："是的。"

以上对话中，很多问题的答案是人尽皆知的，所以这样的提问毫无意义。在实际生活中，我们也常常不注意提问的有效性，比如你问一个朋友："怎样才能减肥呢？"对方很有可能会回答："多运动。"这样的回答显然没有实际意义，而造成这种情况的原因就是你的提问本身缺乏实效性。

如果我们换一种方式去问："你觉得怎样减肥更有效，是坚持锻炼，还是合理搭配饮食？"这时你的朋友就会给出他的建议："以我的经验来看，多运动更有效，不过你可以都试试，或者将两者结合起来。"可见只有具体的、实质性的提问，才能得到你想要的答案。

说话本来就不是一件简单的事，做到有效提问更是不易，不过如果你在提问时能坚持以下原则，就会发现你的提问将越来越有价值。

1. 提问前要了解提问对象

在提问之前，要观察一下提问对象。如果对方是一个性格豪爽的人，你不妨把问题直接摆出来；如果对方性格内向，就应该注意提问的言辞。比如，你向客户推销一件商品，对于性格豪爽的人你应该这么说："伙计，这家伙的性能还不错吧？"而对于性格内向的人应该说："您觉得我们的商品怎么样？"

2. 避免言语浅薄

我们发现很多提问之所以无效，是因为提问者的问题太过浅薄、简单，甚至是一些不用思考，直接就能给出答案的问题。比如："茶壶响了，是水开了吧？""天气预报说今天有雨，看这天气，是要下雨吧？""你喜欢运动吗？"如果不能确定自己的提问是否有意义，可以尝试回答自己提出的问题，看自己能否回答得上来。

3. 注意提问的表述方法

一个保险推销员在向一名女士推销保险的时候这样问道："您是哪一年生

的？"结果这位女士十分生气，起身走了。这名推销员吸取了教训，当他向另一位女士推销保险的时候，他这样问道："在这份登记表中，要填写您的年龄，有人愿意填写大于21岁，您愿意填吗？"

由此可见，在提问题的时候一定要注意表述方法，注意自己的言辞。

4. 善于运用肯定句提问

要善用肯定句提问，如："你已经……吗?""你有……吗？"或是把你的主导思想放在一句话的前半句，用提问的方式表达出来，如："现在很多公司都有先进的管理软件，不是吗？"通常，如果你说的话既符合事实，又与对方的看法一致，你就会收到确切的答复。

从反复提问中寻求对方的破绽

心理学研究发现，让一个说谎的人重复谎言是很难的，因为如果说了一个谎，就需要用更多的谎去圆第一个谎，而在不断圆谎的过程中，难度也会逐渐增加，直至你把事实暴露出来。

比如，一位病人得了绝症，你作为医生，良好的道德操守让你说了一个善意的谎言，但是你需要很多靠得住的解释去掩盖实情——解释病人的症状，但是很多解释会很牵强，因此使你不得不告诉病人实情。

但是对于说谎高手来说，说谎就像是背书一样，他们能时刻编造谎言，而且在编造的过程中，还会加上一些神情、动作来为自己的谎言加分，让谎言变得更真实。

对于说谎高手，警察在对待他们时也有自己的一套方法，那就是通过反复提问来寻找对方话语中的破绽。因为一系列的提问能在对方还没有准备的情况下，迅速扰乱对方的思维，让对方目瞪口呆、语无伦次，最后不自觉地说出真话。

美国加州的FBI曾经接到一个令人十分头疼的案子，因为犯罪嫌疑人是一名律师，有着很好的职业素养，而且在对犯罪嫌疑人身边的人进行取证时，人们的说法出奇一致：他是一名律师，知道杀人的后果，而且他理智、冷静，与人相处也很和睦，像这样的人不可能杀人。

另外，在审讯的过程中，这名律师优秀的口才也给FBI留下了深刻的印象。与案件有关的问题他总是能回答得头头是道，并且时常用反诘的方式来询问FBI，使自己与案件偏离得很远。最后，FBI甚至怀疑是不是真的弄错了。

但是，当FBI调查这名律师的家庭背景时，有了新的发现。他们发现这名律师来自单亲家庭，他们认为也许能从这方面找到问题的突破口。于是，在审讯时，FBI开始反复问他："你来自单亲家庭吗？""你能形容一下你的家庭吗？""你是不是对你的家庭有什么不满？""你对你的家庭到底有什么不满？""为什么你会对你的家庭有所不满？""被害人遇害是不是与你有什么关系？""你为什么要杀害被害人？""在杀害被害人的时候你在想什么？""你是不是用一把刀杀害了被害人？"……

在FBI一连串的提问下，这名律师开始变得焦躁不安，大声地否定探员所有的提问。但是在一轮又一轮的连环攻势下，这名犯罪嫌疑人的内心终于崩溃了，他把头埋入双手间，开始喃喃地说自己不是故意的，是因为被害人说了一些过激的话，自己一时冲动才错杀了他……

这个案例中，FBI很好地利用了反复提问的方式攻破了犯罪嫌疑人的心理防线。事实上，这种方法是律师寻找证据过程中的惯用手段，他们总是会提出很多问题，逐渐将对方带入自己的语言陷阱中，从而获得新的有价值的信息。

当然，在实际情况中，如果对方的心理素质很好，而且善于说谎，即使面对连珠炮般的提问，他也不会慌乱，而是会对答如流。这时你就应该放弃正面进攻，将提问的顺序换一下，让对方倒着回答你的问题。通常如果对方没有说谎，他就能把事实倒着说出来；而如果对方在说谎，他就会支支吾吾，要在心里想一会儿才能把谎言继续下去。

比如，你问一个人："你昨天干吗去了？"他说："我昨天先是去了公园，然后吃了午饭，接着去逛了商场，最后去看了一场电影。"然后你再让他倒着说一遍，如果他能很快说出"看电影，逛商场，吃午饭，逛公园"的话，那么他的话在很大程度上是真实的，否则就可能是谎言。

　　或者在提问的过程中对同一个问题用不同的方式提问，比如先问："你昨天去哪了？"等到过几个小时再问："你昨天出去了吗?""你昨天去了什么地方呢？"虽然只是换了一种说法，表达的意思一样，但是看起来像是一个新的问题，被问者不经意间就会露出马脚。

提问抓关键，你的提问就有了灵魂

著名物理学家爱因斯坦曾说："提出一个问题比解决一个问题更重要。"但是提出一个好问题谈何容易，我们经常可以看到一些提问受挫的人埋怨："昨晚没睡好，所以今天的提问才如此糟糕。""对方也太难沟通了，问三句答一句。""今天心情很糟糕，所以问问题时有点鲁莽。"

其实这些人只是在为自己找借口罢了，这样的人通常会把责任归咎于他人，自己却不能清楚地认识到问题的关键所在，所以提出的问题模模糊糊，得到的回答当然也是模糊的回答。要想在提问时不模糊，我们就必须抓住问题的关键，否则你很可能会被对方牵着鼻子走，忘了自己本来的想法和目的。

一个年轻人想买一辆汽车，但是自己的钱不够，想要跟父亲借点儿，于是对父亲说："爸爸，我想买一辆车，但是钱不够，能借我点儿吗？"

父亲："你考驾照了吗，就想买车？"

儿子："考了，驾照已经拿到手了。"

父亲："你为什么要买车呢？"

儿子："上班方便些，不想挤公交、地铁。"

父亲："你刚上班，钱挣得也不多，买车的事先缓缓，我送你上班吧，或者你开我的车。"

儿子："我才不想开你的车呢，又旧又笨重，还很费油。"

父亲："车是旧了点，但起码能代步吧？"

儿子："能是能，但是开出去……"

父亲："怎么，开我的车还怕给你丢面子？"

儿子："我就是不想开你的车，我要自己买一辆。"

就这样，父子两个人因为买车的事而吵了起来。

其实这位年轻人只是想向自己的父亲借钱，但是最后却由"借钱"偏到了"面子"问题上。这是因为这位年轻人从始至终都没有抓住问题的关键——借钱，而是一直被父亲牵着鼻子走，最后只能和父亲吵起来。如果这位年轻人能以"借钱"为出发点去提问，比如问："爸爸，我能借十万块钱吗？"这时父亲一定会因为数目过大而反驳，这样儿子便能讨价还价，最后借到钱。

那么，该如何抓住提问的关键呢？让我们来看下面一个例子：

一位游戏软件推销员去推销游戏软件，一进门，他就说："先生您好，这是我们公司最新的游戏软件，里面集合了经典游戏和当下最流行的游戏，您要看一看吗？"

客户说："我都这么大的人了，还玩什么游戏，不需要。"推销人员碰了一鼻子灰，回去了。

第二天，又有一位游戏软件推销员去推销游戏："您好，这是……"还没说完，客户就打断了他的话："不用了，我这个年纪不玩游戏，你请回吧。"这位推销员听后，并没有走，而是问了句："您的孩子现在是上幼儿园吧？"

"是的，已经上大班了。"

"这个阶段正是孩子智力开发的重要时期，我们设计的这些游戏有助于提高孩子的智力。"说着，推销人员给客户演示了起来。

客户看完后，有一点心动了，不过还是有点犹豫。推销人员说："现在是互联网的时代，孩子学习也不能仅限于书本上的知识，而是要与时俱进，您觉得呢？"

客户听完后点了点头，买下了这款游戏软件。

第一位推销员没有找到问题的关键所在，而是大肆吹捧自己的游戏软件，所以碰了一鼻子灰。而第二位推销员则找到了问题的关键所在，所以最后成功地卖出了自己的产品。

从中我们不难发现，要想找到提问的关键，就要把提问的目标和对方的需求紧密结合起来。因此在提问的时候，我们要善于寻找对方的需求，并根据对方的需求来提问题，这样便能问到点子上。

巧用"二选一法则"，牵着对方的思维走

一些人在喝咖啡的时候喜欢往里面放一个鸡蛋，特别是在香港的一些茶室，客人要咖啡的时候，服务员通常会问一句："要不要放鸡蛋？"但是心理学家建议，最好不要这样问，而是应该问："放一个还是两个鸡蛋？"为什么这么说呢？我们先来看一个小故事：

在一条街上，有两家粥店面对面开着，两家店差不多，卖一样的粥，做一样的茶叶蛋，每天出入的顾客人数也差不多。虽然是小生意，竞争却很激烈，两家店的老板都摸不清对方的实际状况，于是各自找了一个服务员去对方的店里探查。

先是东边粥店的人进了西边的店，他要了一碗粥，当服务员端上热气腾腾的粥的时候，服务员问道："先生，您加茶叶蛋吗？"就这样他要了一颗茶叶蛋，吃起来。他发现每进来一位顾客，服务员都会问"加不加鸡蛋"，客人有加的，有不加的，除此之外，和自己的店里没什么不一样。探查完毕后，回去向老板汇报了情况。

不一会儿，西边粥店的人去东边的店探查，同样，仔细探查了一番后，发现这家店的情况和自己店里的差不多，只有一点不同，那就是当服务员端上粥的时候他们这样问："先生，您加一个茶叶蛋还是两个茶叶蛋？"探查完毕后，回去也向老板汇报了情况。

半年后，东边的粥店越做越大、越做越红火，而西边的店则越开越小，原来这个钱差在了茶叶蛋上。东边的店每天能卖出200多个茶叶蛋，而西边的店一天只能卖出30多个，按照一个鸡蛋一块钱来算，一天就差170多元，一个月就是大约5000元！仅仅是因为不同的问法，就差了这么多钱。

其实东边这家粥店运用了"二选一法则"，又叫"封闭式提问"，这种提问方法能缩小选择范围，让顾客在不经意间顺着你的思路走。比如，你想约一个人见面，如果你问有没有时间，对方通常会回答"有"或是"没有"，而如果你这样问："你周六有时间还是周日有时间？"这时对方就会顺着你的思路去想，告诉你周六或是周日。显然这样的答案才是我们想要的。

经验丰富的推销人员总是会问："您喜欢浅色还是深色的衣服？""您觉得这个颜色好还是刚才那个颜色好？"因为作为销售高手，他们深深懂得利用"二选一法则"来促使消费者购买他们的产品。

类似这样的提问还有很多，比如：

"您喜欢喝咖啡还是茶？"

"您要买布艺的还是皮质的？"

"您喜欢一个门的，还是双开门的？"

"您要便宜一点的还是贵一点的？"

"您是选这个套餐还是那个套餐？"

……

其实，一旦业务员提出这样的问题，无论客户选哪一个，他们的推销目的都已经达成了。

不过在运用"二选一法则"的时候也要注意以下几点：

1. 选择滞后原则

在提问时，把希望对方选择的话放在后面，人们通常会选择它。比如你可以这样说："您买一件还是两件呢？两件可以换着穿。"绝大多数顾客会脱口而出："那就两件吧。"再比如，你不太想帮别人带东西，就可以这样说："是我帮你拿回去呢，还是你自己拿回去？"这样一说，既能让对方感觉你是在关心他，又能让对方因为不好意思而选择自己拿回去。

2. 不要频繁使用

人们最怕啰唆的人，如果短短的一分钟内你就频繁使用"二选一法则"，会让对方觉得你是在强迫他，自然会对你产生抗拒心理。比如当你刚进入商场时，一些销售员就追着你问："您买裤子还是衣服？""您喜欢哪种款式，是这个还是那个？""您喜欢明亮一点的还是暗一点的颜色？"想必听到这样的话你也会失去购买的兴致吧。

说一点新鲜话，让新鲜感爆棚

　　我们在写文章的时候，为了引起读者的兴趣，会在文章的开头提出一些有趣的问题，比如一本书的开头这样写道："你知道大海深处是什么样吗？"开篇一句话就吸引了读者，让人对大海深处的世界充满了好奇和想象。

　　同样，我们在说话的时候，如果只是毫无新意地平铺直叙，就很难引起对方的兴趣，而适当地提出一些新鲜的问题，则能唤起对方的好奇心，你的提问也会很快得到回应。

　　下面是一位保险推销员和一位客户的对话：

　　推销员："五公斤软木，您打算出多少钱？"

　　"我不需要什么软木！"客户回答说。

　　"如果您坐在一艘正在下沉的小船上，您愿意花多少钱呢？"

　　如果你是客户，这样的提问必定能引起你的好奇心，并引发你对保险的重视。因此，我们在提问的时候不妨用一些大胆、强烈的问句，直接或是间接地引出谈话主题。当然，在这个过程中，如果你能配合一些技巧和动作，就更能吸引对方。

　　有一位非常成功的销售员，推销的时候总是带上一些新奇的玩意儿，配合他的高超谈话技巧，成功地说服了许多顾客。因此人们给他起了个绰号，叫"花招先生"。

一次，"花招先生"去一位客户家推销空调，先是拿出一个蛋形计时器放到桌子上，然后说："请您给我三分钟的时间，如果三分钟后，您还是对我说的话没兴趣，我马上离开。"

这位客户十分好奇，饶有兴致地听他要说什么。

"请问您知道世界上最懒的东西是什么吗？"推销员问道。

"这个……"顾客摇了摇头，表示不知道。

"就是您藏起来不花的钱啊！它们本来可以用来购买空调，让您度过一个凉爽的夏天。"推销员一副认真的样子解释道。

客户笑了笑，赞同道："是的。"

这位推销员总是随身带着蛋形计时器、闹钟、二十元面额的钞票等各种各样的小玩意儿，用他们来稳住客户，然后提一些新奇的问题，让对方对他的产品产生兴趣。所以我们在说话的时候，可以用提问的方式适当制造一些悬念，引起对方的好奇心，然后再顺水推舟地说出我们想要表达的内容。

一位资深的销售人员曾这么说："你花了三十秒的时间开始你的谈话，如果你的客户问你在干什么，或是你的东西是什么的时候，就表示客户已经对你的产品产生了兴趣。如果三十秒过后，他们仍然告诉你没有时间，或是没有兴趣，那就说明你的这些话语是无效的，这时你就应换一套提问方法。"

比如，你是一位保险推销员，可以这样问："您知道一年只需要花几块钱就可以防止火灾、水灾和失窃吗？"这时对方一定很愿意听你讲解，你就可以接下去说："您有兴趣了解我们公司的保险吗？听我的介绍您就知道了。"

如果你在推销电脑，就不要喋喋不休地问客户有没有兴趣买一台电脑，或是问他们是否需要一台电脑，而应该这样问："您想知道一台电脑的使用寿命是多少吗？"或是"您知道一台办公效率高的电脑能为您省下多少时间吗？"这样问，必定能吸引他的注意力，而你的推销就可以很顺利地开始。

其实诸如此类的提问有很多，下面一些提问，仅供大家参考：

"我想借两万元，不知道您能不能帮我？"

"我的水喝完了，不知道能不能接些水？"

"我刚刚和您的同事××谈话呢，是他建议我顺道来找您谈谈的，请问他在吗？"

"老板说，如果我再做不出业绩来，我就要卷铺盖走人。不知道你们这儿还缺人吗？"

第六章

所答即所问，那些漂亮的回话艺术

有问就有答，回答问题也是一门艺术。如果你不想自己总是答非所问，不想在回话的时候总是毫无逻辑、弯弯绕绕、含糊其词，不想自己的回话毫无新意、平淡乏味，就需要学习一些漂亮的回话术。

答非所问，你的回话为何如此糟糕

别人提出一个问题，如果没有涉及你的隐私，也没有让你感到难堪，你本该漂漂亮亮地答出来，但是为什么你总是答非所问，让你的回话牛头不对马嘴呢？

有这样一个笑话：

有一位中年妇女想离婚，于是来找律师帮助，律师问："你们的婚姻有基础吗？"

"哦，有的，我们大约有一公顷土地。"女人答道。

这个回答让律师感到有些吃惊，不过他还是继续问道："你们闹矛盾了吗？"

"没有，不过我们的车坏了，得送去修。"女人这样答道。

"那么你为什么要提出离婚呢？"律师费解地问。

"哦，这是因为他回答问题总是牛头不对马嘴。"女人振振有词。

律师听了恍然大悟……

听完这个笑话我们会莞尔一笑，明明是这位妇女说话总是牛头不对马嘴，却吵着因为丈夫有这方面的缺点而离婚。不过，现实生活中也有很多人在回答别人的问题时答非所问，因此闹出了不少笑话。

一位外国人到一家饭店吃饭，服务员热情地过来招待："先生您好，请问您需要什么服务？"

顾客说："先来一杯鲜榨果汁。"

服务员："现榨？"

顾客："嗯，鲜榨。"

服务员听完后犹疑地走了，不一会儿，服务员抱着一堆水果过来了，手里还拿着一个杯子。

"先生，您帮忙拿一下。"说着，服务员把杯子塞到了顾客手里，"您接好了。"

顾客感到莫名其妙，心想自己不就是要了一杯果汁吗，这是要干吗？不过顾客还是照做了。

只见服务员拿起一串葡萄，然后放在杯子里。

"先生，这是葡萄味的，当然您也可以选择其他味道的，我现在就给您榨。"

这位顾客总算明白了，原来服务员把"鲜榨"听成了"现榨"，是要给他现榨果汁！

随后这位顾客点了一道需要蘸酱吃的菜，还没动筷子，服务员正好进来了，说："先生，蘸着吃。"

"站着吃？"顾客愣愣地站了起来。

服务员看到顾客站了起来，急忙说道："您怎么站起来了，快坐下。"

于是这位顾客又坐下了，没想到刚坐稳，服务员又说："需要您蘸着吃。"

这位顾客哭笑不得，问道："你到底是让我站着吃还是坐着吃？"

服务员也愣了，忙用手指了指盘子里的蘸酱，回道："我是让您蘸酱吃……"旁边的顾客笑倒一片。

看完这个故事，想必你会有这样的疑问：明明只是一个很简单的问题，但是为什么人们总是答非所问？或者说，为什么我们在回话时总是答不到点子上？其实，除了我们主观刻意回避的问题外，造成答非所问的原因无非两个。

1. 听得不仔细，没把对方的话弄明白

面对一个提问，如果听都没听清，自然答不到点子上。美国成功学家戴尔·卡耐基曾说："如何回话是一门学问，要注意听清对方所问的问题，准确理解对方问题的意思，抓住对方问题的实质，才不会出现答非所问的错误。"可见听得不仔细是造成答非所问的重要原因之一。

2. 不加思考，想当然地回话

有一句话叫作"你以为的并不是你以为的"，但是我们总是犯想当然的错误，让自己的主观臆想胜过理性判断，所以在回话时就可能出现一些理解上的偏差。比如，故事中的服务员把"鲜榨"理解为"现榨"，顾客把"蘸着吃"理解为"站着吃"。其实如果我们在碰到这种情况时能多问一句："您是要鲜榨果汁吗？""站着吃？你是说要站起来吗？"对方自然会明白你在说什么，从而避免误会。

把问题搞清楚，做到胸有成竹

要想漂亮地回答别人的问题，我们首先要把对方的问题搞清楚，这样才能有的放矢，避免答非所问的尴尬。

古时候有一个人，虽然胸无点墨，却十分羡慕那些当官的文人。一次偶然的机会，他用银钱买了一个县官做。但是他本身是一个粗人，哪里懂得那些官场上的规矩，于是在上任后拜见上司的时候总是战战兢兢，话都不敢说。

上司问他：“贵县风土如何？”

其实上司问的是风土人情，不想这位知县却会错了意，答道：“本县不见大风，也不刮黄土。”

上司听了先是一愣，心想：这知县好生奇怪，怎么答非所问。只好继续问：“那黎庶如何？”

知县见上司神色不对，就有一点慌张，把“黎庶”听成了“梨树”，于是脱口而出：“梨树倒是不少，可还没到结果的时候。”

上司一听，这知县明显是在胡说，也太不把自己这个上司放在眼里了。因此十分生气，喝道：“我什么时候问你梨树、杏树的，我是问你百姓怎样？”

县官已经汗如雨下，心想：“白杏？原来上司是问这个啊，我这个脑子。”这下想明白了，连忙回答：“白杏不多，只有两棵，红杏倒是不少。”

上司听后大发雷霆，一手掀翻了桌子，一手指着县官骂道：“什么梨树、杏

111

树，我是问你的小民。"

县官已经慌极了，听上司问自己的小名，赶紧答道："大人息怒，小的小名不大好听，叫'狗子'。"

不想话一说完，这位上司就气晕了过去。

故事中的上司仅仅问了几个简单的问题，知县却一直答非所问。如果他能仔细思考一下上司的每个问题，想要回答也是一件十分容易的事。由此可见，在回话前，唯有把问题搞清楚，才能保证回话的正确性。

不过，把问题搞清楚也不是一件容易的事情，尤其是那些弦外之音，如果不仔细辨别，就听不出话里的玄机。

小王是公司里的技术员，为人老实，又是老板的同乡，所以老板出去的时候总是带着他，技术部的其他技术员对此颇有微词。一次，公司有一个大项目，需要到美国出差，老板想带上小王。不过因为是大项目，大家都想参与，所以老板的压力有些大，既想带小王去，又想堵住其他员工的嘴。

于是一天，老板当着大家的面问小王："这次去美国的任务可不轻，小王，你的英语口语不错吧？"小王以为老板只是随口一问，也就没有放在心上，便谦虚了一下："哪里哪里，一般般啦。"

没想到话音刚落，一个个毛遂自荐的声音就响了起来："老板，我的英语口语很好，一定能胜任这次任务！""我的口语也没问题，我还经常和外国人交流呢。"

小王这才明白老板的话外音，原来老板是想给自己一个机会，可惜他就这么错过了。

不论是简单的提问，还是另有深意的话外音，都需要我们把问题搞清楚。要想做到这一点，我们应该遵循以下几点原则：

1. 正确判断提问的类型

在通常情况下，他人提的问题无非三种类型：

第一，单纯事实的提问。例如：现在几点了？你这个月的绩效是多少？你的英语水平怎样？

第二，主观意见的提问。例如：这部影片怎么样？这件衣服漂亮吗？你觉得这份工作怎么样？

第三，需要论证的提问。这类提问大多是生活中一些重要的问题。例如：上大学应该学什么专业？毕业后该找什么样的工作？这两份工作哪份更适合我？这两个方案哪个更好？

2. 把握正确的回答思路

针对以上三种情况，我们可以整理出正确的思路，给出问题的答案：

第一，单纯事实的提问有固定的答案，不用掺杂自己的观点。比如问几点了，就要回答确切的时间，而不要答非所问，如"现在还早"；问你的英语口语怎样，要如实回答"正常交流没问题"，而不是回答"一般般"。

第二，主观意见的提问没有固定答案，正如"一千个读者就有一千个哈姆雷特"一样。所以对于主观性的问题，我们可以给出自己的主观答案。需要注意的是，提问者提出此类问题往往是为了获得你的个人偏好，比如你喜欢穿的衣服、吃的东西等。或是获得你的支持，比如她问你一件黑色的裙子怎么样的时候，如果你说你也喜欢，她就会因为得到你的支持而感到十分高兴。

第三，需要论证的问题也没有固定的答案，而且各种答案之间有好坏之分。回答这类问题的时候，需要思考得更多，在各个答案之间权衡，做出比较好的回答。

不必弯弯绕绕，明确回答更显真诚

回话本来很简单，只需要回话者简明扼要地回答对方的问题，可是很多人却喜欢把重要的话语放在后面说，美其名曰"压轴出场"，而前面则是啰里啰唆，做一大堆铺垫。

其实，在说话时，很少有人关注你的这些铺垫，人们更多关心的是你说话的重点。如果你说话总是拐弯抹角，人们就无法从你口中得到有用的信息，从而对你反感。

同事乙经常拍一些漂亮的照片发到朋友圈，在一次偶然的谈话时，同事乙和同事甲聊到这个话题。

同事甲："我看到你经常拍一些漂亮的照片，你的相机是什么牌子的？"

同事乙："其实相机的牌子并不多，而且很多都集中在日本，比如佳能、尼康、松下、索尼、奥林巴斯。德国的徕卡也很出名……"

同事甲："哦，那你的相机是多少钱买的？"

同事乙："都说电子产品换新不换旧，我可不这么看，新有新的道理，旧有旧的好处，我这个相机虽然是二手的，但是买回来几乎跟新的一样，还省了不少钱……"

同事甲听得晕晕乎乎，他只不过是想问同事乙的相机是什么牌子，多少钱买的，可是自始至终都没有得到明确的答复，于是赶紧岔开话题结束了谈话。

对话中的同事乙答非所问，不仅会让人觉得他在卖弄学问，还会让人觉得他不真诚。其实，同事乙完全可以这么回答：

同事甲："我看到你经常拍一些漂亮的照片，你的相机是什么牌子的？"

同事乙："尼康，不过其他的牌子如佳能、索尼也都不错，如果你想买可以多看一下。"

同事甲："嗯，谢谢，那你的相机是多少钱买的？"

同事乙："3200元，不过我买的是二手的，新的要4500元左右。"

这样直接明了地回答会让人觉得你这个人思路很清晰，说话能抓住重点，也很有条理，相信很多人愿意再跟你多聊几句。

有时回话者对于别人当面提出的问题，装作没听见，避而不答，或是眼睛望着别处，说一些根本不相关的事，强行把话题扯开，比如：有些人对谈话不够重视，回答别人问题时漫不经心；有些人考虑到自己的利益，不想正面回答问题；有些人不知道如何回答，但又碍于面子不能沉默，只好答非所问。这其中，可能是自己的态度有问题，对谈话不够重视与真诚，也有可能是迫于无奈，有不得已的原因，但不管怎样，我们都应该尽量少用这种回话的方式，因为如果你经常顾左右而言他，难免会让人觉得你这个人不真诚。相反，面对别人的提问，如果没有涉及自己的隐私，或是谈一些无伤大雅的话题，我们应该给出正面、直接的回答，毕竟坦诚相待是十分重要的。

在直接回答时还需要注意以下两点：

1. 紧紧围绕对方的问题，不要把话题扯远了

很多人在回答别人的问题的时候喜欢夸夸其谈，比如，在心仪的女孩子面前特别想表现自己，但是说一些无关紧要的话只会让对方觉得厌烦。尤其是在谈一些比较严肃的话题的时候，千万要认真、直接地回答对方的问题。

2. 明确回答要条理清晰、逻辑分明

既然是明确回答，就应该让别人听得懂你在说什么，而不是听完后一头雾

水。比如，顾客问你："这款手机有什么优点？"你可以回答："这款手机配置高、外观精美、像素超高，而且待机时间长。"而不是一味地给顾客讲一些专业的名词。

含糊其词使不得，详略得当才合适

高尔基曾说："简洁的语言中有着最伟大的哲理。"的确，我们知道语言有精简之美，但是精简并不代表简单，如果话语太过简单，随随便便回答，往往会给你带来交际上的烦恼。

回话太过简单会带来以下两个问题：

首先，会让人觉得你在敷衍他，显得你为人不坦诚。

同事甲："你昨天去看电影了吧？怎么样，好看不？"

同事乙："还行。"

同事甲："听说最近有好几部好看的电影上映了，你看的是什么电影？"

同事乙："随便看的，一部喜剧片。"

说到这里，同事甲已经没有了继续问下去的兴致，随口敷衍了一句，做自己的事情去了。

如果同事乙是有意不想说话，那么显然他的目的已经达到了；如果同事乙平时就不爱说话，那么他无心的话也会让同事甲认为是在敷衍他，也许以后也不愿再与同事乙聊天了。

其次，回话太过简单会影响对话的质量，特别是在职场上，这点尤为明显。

117

一位应聘者去参加面试，面试官问他："你之前都从事过什么工作？"

应聘者："做过销售、管理。"

面试官："具体做过多长时间呢？"

应聘者："没多长时间，也就两三年。"

……

最后，面试官问："你对薪资有什么想法吗？"

应聘者："四五千吧。"

如果你是面试官，你会录取这位应聘者吗？我们来分析一下：在面试官问这位应聘者工作经历的时候，应聘者回答得很笼统，说自己做过销售、管理。要知道无论是销售还是管理，都是很大的概念，让人不禁会产生疑问：具体是销售什么产品呢？若是做过管理工作，是什么样的管理工作？总之，这位面试官并没有得到更为具体的有用信息。

其实这位面试官在询问应聘者工作年限的时候已经要求应聘者具体回答，可是这位应聘者仍然含糊其词地回答。并且最后，在谈到薪资方面的问题时，这位应聘者仍然含含糊糊。试想哪个公司会录取这种连问题都回答不清楚的人？

很多人回话时总是含糊其词、模棱两可。其实，做到具体回话很简单，只需要把具体的事情说出来就可以了。比如，去过什么地方，做了什么事情；做过什么工作，每一份工作的大致情况；等等。如果还是觉得困难，不妨参考下面两点建议：

1. 把问题具体化

当别人向我们提问时，我们应该尽量用更为精确的词语去表述。比如上面例子中，当同事甲询问同事乙看电影的情况时，同事乙可以具体讲出电影的名字、类型、内容，还可谈自己对电影的一些看法。

在平时回话时我们也要注意具体原则，比如和一个陌生人聊天，对方问你："你是哪里人？"这时不要回答："我是中国人。"而是要更具体一些，比如告诉对方："我是河北人。"如果你们聊得来，还可以近一步告诉对方是河北哪里人。再比如当别人问你平时喜欢做什么事的时候，你可以回答得具体一些，比如"喜欢打篮球、跑步和骑行"，而不是简单地回别人一句："我爱运动。"

2. 尽量多说几句

在你的身边是否有这样的人存在：他们在回答别人的问题时总是惜字如金，你问他问题，他要么是一些简简单单、完全没有感情的回复，要么就是"嗯""哦""啊""好吧"这类简单词语。

如果你是这样的人，请改变自己，在回话时尽量多说几句。比如上面的例子中，当面试者询问具体的工作经历的时候，可以分别讲述自己哪一段时间具体做过什么，或者说几句自己的心得体会，等等。

打比方、做对比，让回话更有感染力

语言之美，美在精雕细琢；回话之妙，妙在修辞巧妙。在回答别人问题的时候，我们可以通过打比方、做对比，把那些平常的回话好好"装扮"一番，给它披上华丽的外衣，让它变得更有魅力。

中国人在说话的时候喜欢打比方，比方打得好，可以生动、形象地向对方讲述自己的观点，所以优秀的演讲者、管理专家都会使用打比方，尤其是在向外行解释一些问题的时候，打比方成了他们最常使用的方式。

著名的物理学家爱因斯坦因其相对论而名声大噪。一次，一位老太太在看完电影《卡门》后，在电影院的门口正好碰到了爱因斯坦。老太太问道："请问你是提出相对论的爱因斯坦吗？"

"是的，您有什么问题吗？"爱因斯坦问道。

"总是听到人们在说你的相对论，你能告诉我什么是相对论吗？"老太太诚恳地问。

爱因斯坦想了片刻，并没有向老太太直接讲解相对论的概念，而是这样问道："您刚才看电影的时间足足有一百分钟，但是您是不是觉得时间过得很快？"

"是啊。"老太太点点头回答道。

爱因斯坦又问："那么如果您的孙子出去玩耍，很晚了还没有回来，您焦急地等待了十分钟后他才回来，但是这十分钟您是不是觉得特别漫长？"

"是的。"老太太又一次点了点头。

这时爱因斯坦说："这就是相对论。"

在这个故事中，爱因斯坦并没有长篇大论地去解释相对论，因为他知道即使自己再努力，老太太也很难听懂，于是爱因斯坦用生活中常见的事打比方，通俗地解释了什么是相对论。

既然打比方在回话中有这样强大的效果，我们应该如何应用呢？其实，学会打比方，我们必须要抓住问题的核心，即原问题和所打的比方必须具有重要的共同点才行。

一位学生问他的经济学老师："老师，您怎么看经济发展中的泡沫？"

老师想了想回答说："经济发展中的泡沫就像是喝啤酒时的泡沫，有了泡沫喝起来才有味道。"

这个比方看似巧妙，实际上是错误的，因为啤酒好不好喝并不是有没有泡沫决定的，而且泡沫对于啤酒来说并没有好坏之分，仅仅是一种正常的现象而已。而经济泡沫则是经济发展过程中的不好现象。显然本质上它们是不一样的。

当这位学生问他的另一位老师对经济发展的看法时，这位老师是这样回答的："经济发展就像骑自行车，骑得太快会摔跤，骑得太慢也会倒下，所以经济发展要不快不慢才好。"

这便是一个好的比方。因为经济发展太快，表面上是一件好事，但是其中隐藏的投资过热、通货膨胀等问题容易造成经济危机；而经济发展太慢，则不能满足人们的物质需求，也会引发一些社会性问题。由此可见，这个比方很恰当。

所谓绿叶衬红花，有对比才能显出差距。在回话艺术中，对比用得好能突出你话语的力量，不管是说服、拒绝还是提问，都能让你轻松达到目的。

一位顾客到一家电脑专卖店买电脑。

顾客："你们这个牌子的电脑怎么这么贵？"

销售人员："确实，相比同类产品，我们的电脑要贵一点。但是我们贵在做工更加精细，贵在我们的独家技术，比如与同类产品相比，我们的电脑散热更加良好，即使是在炎热的夏天，也不会因为散热问题而影响你使用。"

经过这样一番对比，顾客自然看到了该品牌电脑在同类产品中的优势，贵自然就有了贵的道理。

在运用对比的时候要注意两个问题：

第一，对比的对象应是人们非常熟悉的事物，否则对比就没有任何意义。比如有人问你太阳有多大，你不能说很大，而应该用地球做对比，告诉他130万个地球才抵得上一个太阳。这样一对比，对方就会明白太阳是多么庞大了。

第二，对比要注意合理性。所谓合理性，是指对比的对象应该是属于同一范畴，并且对比双方具有相反或是相对的性质。

前后有序，注意回话的逻辑性

我们平时说话时很少注意说话的顺序，其实说话的顺序不同，其表达的意思也大相径庭，甚至是截然相反。

据说，著名教育家陶行知先生在世的时候，有人看到他事业坎坷，于是送给他一句话："屡战而屡败。"陶行知听后，笑了笑说："不对，这句话应该改为'屡败而屡战'。"

纵然"屡战而屡败"能形容陶行知先生的坎坷历程，但是"屡败而屡战"更能体现他不怕困难的顽强精神。

彭德怀同志在《致巴金的信》中写道："我是伟大人民的儿子，不是人民的伟大儿子……"在这句话中，前半句突出了人民非常伟大，而后半句却谦逊地说自己并不伟大，显然两句话突出的重点不一样。

如此看来，颠倒语序，语意截然不同。如果我们在回话时注意回话的前后顺序，往往会得到意想不到的效果。

曾有两个教徒在做祷告的时候偷偷吸烟，正好被牧师看到。牧师问第一个教徒："你刚才是在吸烟吧？"教徒诚恳地回答："是。"结果这位教徒被牧师狠狠地痛斥了一顿。

牧师又问第二个教徒："你刚才在吸烟，是吧？"

教徒回答："是。"

正当牧师要大发雷霆的时候，教徒连忙问："在祷告时不能吸烟，是吧？"

牧师严肃地说："当然不能。"

教徒又问："那么在吸烟的时候可以祷告吗？"

牧师想了想说："可以，任何时候你都可以祷告。"

教徒说："对啊，我刚才就是在吸烟的时候祷告啊！"

牧师听后，笑了笑说："是的。"

于是，这个教徒免受了责罚。

两个教徒都在祷告时吸烟。前者说在祷告时吸烟，这是对上帝的不虔诚，因此受到了责罚；而后者说在吸烟时祷告，则体现出这位教徒比较勤奋，说明他对上帝是忠诚的。显然后者答话的巧妙之处就在于他颠倒了语序，使得话的含义截然不同。

在谈话时如果我们不注意逻辑性，很容易让听者不知所云，弄不清你到底想要讲什么，你的重点在哪里，甚至还会因此产生一些不必要的误会。

一天傍晚，一位母亲正在家里做饭，这时电话响了，电话里传来一个声音："您好，请问您是小凯的母亲吧？"

"嗯，请问您是？"这位母亲有点担心自己的孩子了。

"我是小凯的班主任，今天我们学校组织出游，在过一个十字路口的时候，小凯……"

听到这里，这位母亲以为小凯出了什么事，马上挂了电话赶到了学校。一到学校才知道是一场误会，原来小凯在过马路的时候捡到了一个钱包，并把钱包还给了失主，刚才班主任打电话是想表扬小凯。

我们可以看到，虽然这位老师是好心，但是表述方式不恰当。其实应该先把重要的内容放到前面说："您好，我是小凯的班主任，首先要表扬一下小凯……"然后再详细述说事情的经过。

那么如何才能让我们的话语前后有序呢？这里有三点需要注意：

首先，我们要保证回话的条理性。这就需要我们在回答对方的问题之前要想好先说什么后说什么。我们可以先列一个提纲，然后采用"第一……第二……第三……第四……"或"首先……其次……再次……最后……"这样的句式来表述自己的观点。

其次，可以运用逻辑推理。在说服他人的过程中这种方法非常有效。所谓逻辑推理，就是要说出为什么。比如吃饭的时候，孩子把饭菜洒到了桌子上，饭后你可以叫他去刷碗，如果他拒绝，你可以回答他："我们之前约好的，谁要是在吃饭时把饭菜洒到桌子上，吃完饭后就必须去刷碗。"这样的回答有理有据、条理清晰，孩子想拒绝都难。

最后，要学会慢半拍，即在我们开口说话之前要三思而后行。思考得越多，你的话语的条理性、逻辑性越强。

回话要有"量"，把握适度原则

古人在写文章的时候提倡惜墨如金，即在语言的运用上，要尽量做到整篇文章没有废词、废句、废段，用极少的语言表达丰富的内容。而说话也讲求惜字如金，即说话要把握适度原则。

同样，在回话时我们也应该把握回话的"量"。不能太少，否则给人留下敷衍、不真诚的印象；也不能太多，啰啰唆唆，成为一个"啰唆先生"。

曾经有一个文人说话、写文章很啰唆，人们都叫他"啰唆先生"。一次，"啰唆先生"给他的一位朋友写信，本来一两段话就能说清楚的事，他唠唠叨叨地写了几张纸。这位朋友收到信后劝告他说："说真的，我的朋友，您的文笔很流畅，只是太啰唆了。时间是宝贵的，如果您能写得简洁一些，既能节省您的时间，也能节省我们的时间，这样不是更好吗？"

"啰唆先生"觉得朋友说得很有道理，于是立即提笔回道："看了您的来信，我才意识到这个错误，我万万没有想到，我这啰唆的毛病是这么严重。对于您的建议，我内心很感动，也很感激。从今以后，我一定要把文章写得简洁、简洁、再简洁。请允许我再一次对您的建议表示感谢，谢谢，谢谢，万分感谢！"

回信写好后，他又看了一遍，但是总觉得有一个地方需要解释一下，以免对方误解，于是"啰唆先生"又拿出一张纸，继续写道："真是非常抱歉，请您不要嫌我啰唆，因为有一件事情我必须解释一下。我听人说，写信时用简化字是一种不礼貌的行为，不知您听说过没？但是我还是用了简化字，比如万分感谢的'万'字，就是'方'字上缺一点的'万'字，这就是一个简化字。为了表示对您的尊敬，我本来是想用一个草字头下面一个'禺'的'万'字，但是觉得没有时间一笔一画地写草字头下面一个'禺'的'万'字。而写'方'字上缺一点的'万'字，就可以少用一点时间。而且您也说了，时间非常宝贵，所以我在信中写了'方'字上缺一点的'万'，而没有写草字头下面一个'禺'的'万'字，请您多多原谅！"

想必这位朋友收到这位"啰唆先生"的回信后定会又好气又好笑。本来一封简单的、表示感谢的回信，却被"啰唆先生"写得这样啰里啰唆。如果你就是这样的人，那么以后回话时一定要注意弄清楚自己回话的重点。

1948年，英国牛津大学举办了一次主题为"成功奥秘"的讲座，还为此特意邀请了当时的风云人物丘吉尔来为大学生们演讲。其实早在这场演讲开始的三个月之前，就已经掀起了一场轰动。不论是各界媒体，还是牛津大学的大学生们，都对这场演讲翘首以待，因为他们发自内心地想听听这位伟人对"成功奥秘"的真知灼见。

到了演讲这一天，广场上人山人海，在大家的期盼中，丘吉尔迈着稳健的步伐走上了演讲台。他先对大家挥了挥手，然后做了一个让大家停止鼓掌的手势后，说："我的成功秘诀有三个：第一是，决不放弃；第二是，决不、决不放弃；第三是，决不、决不、决不放弃！我的演讲结束了。"说完，丘吉尔就走下了演讲台。

丘吉尔不到一分钟的演讲完成了，整个会场先是沉寂了片刻，之后被经久不息的掌声淹没了。

虽然丘吉尔的这次演讲仅仅是三句"决不放弃"的话，却清楚地表达出了他演讲的主题，并没有因为内容少而显得单调、乏味，反而赢得了经久不息的掌声。

那么我们怎样才能把握好回话的"量"呢？

1. 让重复、多余的话烂到肚子里

有些人在回话时总是喜欢用一些重复的口头禅，比如在表达自己的疑惑时总是追着对方问："为什么？为什么？"难道一个"为什么"还不能表示你的疑惑吗？如果没有太大的困惑，又不是十分要紧的事情，请少用重复的"为什么"来表达你的疑惑。还有人在答应别人一件事情时总是习惯性地说"好好好"，实际上一个"好"字就能表明你的态度，何必要多此一举，而且如果用得太多，还会让人觉得你是迫不得已才答应的。

每个人都有自己喜欢的口头禅，但是在交谈中，有些口头禅往往是多余的话，比如"我以为""岂有此理""肯定的""那当然了""谁说不是呢"等，这些口头禅说得过多会影响回话的效果，所以一定要慎用。

2. 用好"三点法则"

回话不能太简单，也不能太啰唆，把握好"三点法则"可以帮助你清楚地表达自己的观点。"三点"就是指三个重要的信息，可以是时间、地点和事情的经过。比如，当别人问你周末做了什么的时候，不要回答"出去玩了"，而要回答"周六去郊区玩了一天"这类包含了三点信息的话语。

第七章

从"不"到"是"，掌握说服他人的话语权

说服他人就像打攻坚战一样困难，唯有集中兵力，不断寻求突破口，才能克敌制胜。其实说得简单点，说服他人就是要找准着力点攻其要害，其间你还需配以高超的说服技巧，从一开始就掌握说服对方的主动权。说服时或言明利害、运用权威，或实例巧用、转换立场。总之，只要掌握了主动权，说服他人就成功了一半。

"打蛇打七寸"，开口就要点中对方的"要穴"

我们常常用"打蛇打七寸"来比喻说话做事要抓住关键。其实，说服别人就像"打蛇打七寸"一样，要抓住对方的要害，才能打赢说服这场仗。

当第二次世界大战的战火波及美国的时候，美国政府开始号召大量青年到前线去作战，但是这些过惯了安逸生活的美国青年并不愿意把自己的生命交到任何一位指挥官的手中，因为在他们看来，上战场就意味着死亡。所以俄亥俄州的一位行政长官尽管费尽了口舌，还是无法说动这些怕死的青年们。

正在这位行政长官一筹莫展之际，有人向他推荐了一位心理学家。不久，这位心理学家就在行政长官半信半疑的目光中来到了征兵现场。这位心理学家并没有一开口就讲诸如"国家兴亡，匹夫有责"之类的爱国宣言，而是先沉默了几分钟，等到台下所有的青年都好奇地注视着他的时候，心理学家开始说话了："亲爱的孩子们，其实我和你们一样，特别珍惜自己的生命，热爱生命是无罪的，所以我和大家一样也反对战争、害怕死亡。但是我的内心同样在告诉自己，上战场并不是意味着死亡。因为即使我参军了，也很有可能是在后方工作；如果我到了前线，我也可能留在安全的地方；假使我真的不幸拿起了枪，但是有谁说在战场上就一定会受伤呢？就算是受伤了也并不一定会危及我的生命。就算我的运气真的不好，在战场上牺牲了，那么我将成为亲人、朋友，甚至国家的骄傲，会成为孩子们崇拜的英雄，并且我还能因此获得一枚金光闪闪的勋章和一大笔抚恤金……"

当心理学家讲完这些时，台下的青年们先是沉默了片刻，然后大部分青年表示愿意去参军，甚至先前那些抵制参军的青年也变得很积极。用他们的话来说，他们想要创造属于自己的奇迹！

这位心理学家之所以能成功说服这些青年，是因为他找到了问题的关键所在。所以不管是为了成为英雄，还是为了那一笔丰厚的抚恤金，这些青年们都愿意拿自己的生命去搏一搏。

其实在职场上也同样如此，如果你能抓住问题的关键，探明他人内心深处的需求，你会发现，原来说服别人并不是一件难事。

说服顾客买东西是销售人员必须掌握的一项技能，通常他们秉承"顾客就是上帝"的理念，用他们的热情去服务每一位顾客，但是如果他们太过热情了，反而会让顾客感到不自在。

某商店的一位营业员很会做生意，所以他的业绩比一般营业员都要高。当有人问他成功的秘诀时，他这样解释道："如果我是一位顾客，我想听到的不是滔滔不绝的商品推销，而是哪些东西更适合我，所以我的秘诀就是为顾客着想。"

有一天，一位顾客来到了柜台前挑选布料，可是十多分钟过去了，这位顾客还是没有要买的意思。这时，这位营业员猜想这位顾客应该是想买一块布料，但是没有找到合适的。于是他赶紧迎上前去说："您是想买一块布料吧？其实您刚才看的那块很不错，不过我要是您的话就不买那一块，而买这一块。"

说着，营业员从柜台里拿出一块布料，接着说："您年龄和我差不多，穿这种面料的衣服会更好些，美观大方。虽然这块布料会贵一些，但是真的十分适合您。您可以考虑考虑哪个更合适。"顾客见这位营业员如此热情，又说得恰到好处，于是不再犹豫，买下了营业员推荐的布料。

这位营业员之所以能做成这笔生意，就是因为他深知"打蛇打七寸"的道理，了解了对方的心理，站在了对方的角度考虑问题，替对方精打细算，从而使对方的戒备心理、防范心理大大降低。

所以在说服他人的过程中，我们不能一味强调自己的观点，或是把自己的观点强加给对方，而是要善于观察，抓住问题的实质，然后尽量去满足对方的需求，最后逐渐让对方接受自己的观点，达到成功说服他人的目的。

找准着力点，对症下药才能速战速决

　　每个人都有很强的自我意识，所以当我们与他人的意见相左，并且去尝试说服时，会感到困难重重。但是对于巧言善辩的说服高手来说，说服他人并非一件难事。于是你经常会看到这样一些场景：有些人为了说服客户滔滔不绝，但是并不能打动客户；而另一些人仅寥寥数语，就能轻轻松松拿下很大一笔订单。

　　也许你会问：同样是说服他人，为什么有些人的话语如同有魔力一般能让他人"言听计从"，而有些人即使是说再多也徒劳无功？其实这是因为他们不懂说服他人的技巧。说服他人只有找准着力点，对症下药才能速战速决。

　　何谓着力点？我们知道跳水运动员在起跳的时候都要找到一个着力点，借助这个着力点，运动员才能在空中做出各种优美的动作，而一旦脚底打滑，着力点歪了，往往之后的动作也很难做得完美，甚至还会受伤。

　　同样，在说服他人的时候，我们也应该找到着力点，这个着力点就是兴趣爱好。在现实生活中，每个人都有自己的兴趣爱好，如果你听到一个人这样说："其实，我没有什么兴趣爱好。"这时不要天真地以为他真的没什么兴趣爱好。造成这种假象的原因是我们往往喜欢给兴趣爱好贴上固定的标签，比如唱歌、下棋、游泳、健身、读书等。如果你善于观察，会发现身边的每一个朋友都有自己喜欢做的事，比如晚饭后散散步，闲暇时逛一逛论坛，公交车上刷一刷朋友圈……

如果你能抓住这个着力点，便能迅速打开话题，直至完全说服对方。

一天，一位皮肤白皙的女士来到一家商店买衣服，营业员热情地迎上去为顾客挑选衣服。不一会儿，这位女士拿起了一条裙子，营业员说："您真有眼光，这条裙子的料子很好，而且款式也是当下最流行的，您穿上肯定很合适。"

顾客也笑着点头称赞道："这条裙子确实很漂亮，料子摸起来也舒服，不过就是颜色不是很好搭配。"

营业员忙说："您这么漂亮，搭配什么都好看，而且您不是也觉得这料子十分不错吗？"

"嗯，不过我还是觉得不好搭配别的衣服。"说完，顾客放下了手中的裙子，走出了商店。

最终这位营业员的说服没有成功，顾客没有买这条裙子。我们再来看看另一位营业员是怎么做的。

当顾客拿起裙子的时候，营业员说："您真有眼光，这条裙子的料子很好，而且款式也是当下最流行的，您穿上肯定很合适。"

顾客也笑着点头称赞道："这条裙子确实很漂亮，料子摸起来也舒服，不过就是颜色不是很好搭配。"

营业员笑了笑，解释道："其实您的皮肤这么好，搭上这条裙子的话更能衬出您白皙的皮肤。对了，您的皮肤这么好，一定有什么保养秘诀吧……"

果然，一谈到自己的保养秘诀，顾客马上来了兴趣。就这样，这位营业员不仅得到了一个保养皮肤的好方法，还成功地让对方掏了腰包。

这位营业员找到了很好的着力点，即那位女士感兴趣的话题，最终成功说服了对方。因此，要想说服他人，不妨从他们的兴趣爱好入手，找到对方感兴趣的话题，这样对方就会不由自主地打开话匣子，然后我们就可以顺势找到突破口，一举说服对方。

说服他人光是找准着力点还不够，还需对症下药。中国有句古话："知己知彼，百战不殆。"说的是我们唯有清楚地了解敌我双方，打起仗来才能立于不败之地。其实，相比"知己"，"知彼"更为重要，因为我们唯有了解了对方的底细才能对症下药。说服他人也是如此，清楚地了解对方的需求，抓住对方的心理、性格等特点进行说服，往往能取得事半功倍的效果。

1948年的冬天，为了保护北平这座历史文化古城免遭战争破坏，中共中央和中央军委力争以和平方式解放北平。当时驻守在北平的傅作义已有和平谈判之意，却始终有顾虑，怕自己被看作叛徒，因此摇摆不定。

刘存同老先生受我党之托前去说服傅作义。刘老先生在知道整个问题的症结所在后，语重心长地讲了商汤讨桀、武王伐纣的故事，并说："汤与武王是桀、纣的重臣，但他们深明大义，后人对此不仅没有给他们冠上逆贼的称号，还对他们称赞有加。现在情况也是如此，人人都渴望和平，如果你能顺应民心，促成和谈，人们哪还会把你当作叛徒？"

经过刘老先生的一番开导，傅作义终于下定决心和平谈判，因此才有了北平的和平解放。

所以，说服不能打无准备之仗，我们想要说服他人就要抓住对方的症结所在，了解对方坚持自己观点的理由，然后对症下药，站在对方的角度分析问题，同时将自己的观点慢慢注入对方心里，这样我们的说服力才能增强。

从一开口就让对方说"是"

一位图书推销员正在一个小区附近推销图书，这时迎面走来一位男子。

推销员上前说道："先生，您好，我们正在这附近做一些有关教育的调研，我能采访您一下吗？

"可以。"

"您认为教育和知识是有价值的吗？"

"嗯，是的。"

"如果我们在您家里免费放一套百科全书，可以吗？"

"可以。"

"如果您的朋友到您的家中看到了这套百科全书，并且十分感兴趣，想要购买的话，您能把我们的联系方式告诉他们吗？"

"行。"

"我能现在向您展示一下我们的百科全书吗？"

"当然。"

最后，这位销售员免费将百科全书送给了这位顾客。后来，他得到了大笔订单。

心理学家发现，人的思维是有惯性的，当你连续问对方几个问题，对方都做出肯定性的回答的时候，如果你再问对方下一个问题，对方也会很自然地回答"是"。

艾利森是一家电气公司的销售人员，前不久一位客户购买了一批电机，艾利森想再去碰碰运气。

来到客户的公司后，接待他的是这家公司的总工程师。还没等艾利森开口，对方就十分生气地说："艾利森，我们不会再买你们的电机了！"

艾利森一脸茫然，好好的合作伙伴怎么突然翻脸了？于是他急忙问道："为什么呢？"

"你们的发动机太热了，手放上去的话很容易烫伤。"工程师理直气壮地说，说着还伸出手给艾利森看，果然对方的手受伤了。

艾利森这才明白这位工程师为何会如此生气，不过他并不想因此而放弃这个大客户。这时他想到了说服他人过程中让对方说"是"的技巧。

艾利森表示了歉意，然后说："好吧，如果电机真的过热，那就不必再买了，毕竟谁也不愿意把手放到上面烫伤自己，是不是？"

"是的。"这位总工程师的态度缓和了许多。

"顺便问一句，您的车间温度是多少呢？"

"大概是26摄氏度。"

"按照电动机的制造标准来说，电动机的温度是可以高出室温22摄氏度的，是吧？"

"是的。"

"如果现在车间内的温度是26摄氏度，再加上电机的22摄氏度，就可高达48摄氏度。您把手放在48摄氏度的水中，是不是会烫伤呢？"

"是。"

"那么请您不要把自己的手放在电机上了，您觉得呢？"

"我想你说得不错。"

就这样，艾利森又卖出了一批电机。

聪明的艾利森一开始就让对方说"是"，让对方的观点不断向自己的靠拢，最终成功说服了对方。让对方说"是"意味着你和对方的谈话是启示式或询问式的谈话，这种谈话方式比普通的交流方式更有效，因为很多人对事物的认知是有限的，只要用合适的方式去启发他们，说服过程就会变得相对容易一些。

不过，让对方一开口就说"是"显然不容易办到，这时候我们可以试试苏格拉底创立的问答法。苏格拉底强调，与人辩论时，如果对方有点固执，就不能硬碰硬地去讨论分歧的观点，而是应该找到双方的共同点，然后慢慢取得一致，再逐渐转向自己的主张。

在具体谈话中，我们可以先提出一系列答案确定的问题，当对方说出"是"的时候，这时他们的心理就会趋向于肯定的一面，身心会逐渐放松下来，这时我们就要慢慢占据主动，使谈话朝着有利于我们的方向发展。

比如，你在向一位企业管理者推销一套办公软件，就可以这样说：

"很高兴和您见面，提高贵公司的办公效率对您来说一定很重要，是不是？"

"是。"

"好，我向您介绍的这套办公软件能帮助您实现目标，您很想达到自己的目标，对不对？"

"对。"

"但是您又不想花太多钱，是不是？"

"是的。"

······

就这样让顾客一"是"到底，最终你会发现他的回答正在向你的目标靠拢。

当然，在运用这个方法的过程中，我们要有准确的判断能力和敏捷的思维能力。每提出一个问题都要认真思考，否则稍有不慎，就会让人觉得你是在算计他，你的说服自然也就没有了效力。

反转思维，让对方自己说服自己

以理服人更能使人信服，但是有时即使我们有理，也很难让别人心服口服，那是因为在说服与被说服的过程中，双方都有坚持的理由，即使自己的理由不在理，也会据"理"力争，结果往往是嘴上服了，心里依然不服。

面对这样倔强的人，如果我们仍然坚持自己的观点，以硬碰硬，结果不仅不能成功说服对方，还可能会争得面红耳赤、两败俱伤。这时我们应该转换立场，采用迂回战术，说出对方想说的话，从而说服对方。

某品牌洗衣机的推销员正在挨家挨户地推销自己的产品，他来到一户人家，按响了门铃，开门的是一位太太，看样子正在洗衣服。推销员于是忙说："您的洗衣机已经很旧了，该换台新的了。您知道旧的洗衣机总是不能让人省心，不仅费电，有时还洗不干净衣服，您看下我们的洗衣机……"

这位太太听到推销员这么说，十分生气地说："我的洗衣机都用了好些年了，好得很，也没有故障，等用坏了再换吧。"说完就把推销人员打发了出去。而这位推销人员真可谓丈二和尚——摸不着头脑，不知道自己说错了什么，只好悻悻地去下一家推销。

不久，又有一位推销员来到这户人家推销洗衣机。这位销售人员也看到了那台旧洗衣机，不过不同的是这位推销人员并没有说这台洗衣机是如何陈旧，而是由衷地赞叹道："想必您的洗衣机已经用了很多年了吧，质量应该不错，现在质量好的洗衣机真是不多。"

这位太太听完后不禁点了点头说："是啊，这台洗衣机虽然旧了，但是质量是真的好，陪伴了我们这么多年。不过终究是时间长了，我想换台新的……"这时这位推销人员拿出了产品手册，为这位太太介绍起自己的产品来，最终这位推销员成功地卖出了自己的产品。

显然，第二位推销员更懂得说服他人的艺术，他没有直接推销自己的产品，而是先站在对方的立场，表达了自己对那台陈旧的洗衣机的看法，正是这些相同的看法让那位太太产生了认同感，最后买下了推销员的产品。

由此我们可以看到，说服他人要多站在对方的立场考虑问题，多认同他人的观点，并说出对方的心声，不经意间你会发现，对方正慢慢向你的观点靠近，这时稍加引导，对方就会完全被你说服。

有时我们的说服对象很固执，无论你怎么顺着他的话说，他还是坚持自己的观点，甚至有时你还会被他牵着鼻子走，最终被他说服。遇到这种情况怎么办呢？很简单，这时你只需要让对方认为一切都是他自己的想法，让对方说出自己的心声就可以了，显然这个让对方自己说服自己的方法能从根本上解决问题。

这也许听起来有些难以理解，我们来看一个例子：

史密斯夫妇想要买一辆汽车，可是他们的预算有限。尽管汽车销售员给他们介绍了几乎全部车型，仍然没有满足他们的要求，他们始终觉得这里的汽车价格还是太高了。那位销售人员很是苦恼，因为他既耽误了时间，又没能卖出一辆车。

这时，一位资深的销售人员告诉他："当你觉得难以说服客户的时候，不妨反过来，让他们当主角，帮助他们自己拿主意，当你的观点成为他们的主意的时候，你就成功说服了对方。"

几天之后，有一位顾客想要用他的旧车换一辆新车，销售人员觉得机会来了，于是与这位顾客商定了价钱，然后迅速拨通了史密斯夫妇的电话，并告诉他们，希望他们帮助自己试一下汽车的性能，并估一个价。史密斯夫妇很乐意帮这个忙，他们在试驾后告诉这位销售人员："如果你能以1000美元的价格买下它，你就赚翻了。"

"如果我以这个价格卖掉它，你们是否愿意买呢？"销售人员反问道。

"当然，1000美元真是再合适不过了。"因为是他们自己估的价，所以销售人员很快便拿下了这一单。

如果对方是一块难啃的"硬骨头"，很难接受我们的观点，不要向对方硬塞我们的观点，而应该转换立场，分析对方的需求，让他们说出自己的心声，并将你的观点变成他们的想法。当那些想法从他们自己口中说出的时候，你的说服便成功了。

言明利害，话语更有说服力

古语曰："两利相权取其重，两害相权取其轻。"趋利避害是人的本性，所以在说服他人时完全可以利用这一点，这样你的话语才更有说服力。

戴尔·卡耐基在纽约办培训班时租了一家饭店的大礼堂用来讲课，可是有一天他突然接到了饭店经理的一个电话，对方告诉他大礼堂的租金要涨三倍！卡耐基当然不愿意支付这么高额的租金，于是他打算去说服经理。

第二天，卡耐基见到了饭店经理，说："对于您想要提高租金这一要求，我十分理解，如果我站在您的位置，我也会让饭店尽可能多地赢利，不过这样真的能赢利吗？我想为您算一笔账。"

经理没想到卡耐基不仅没有责怪他涨价，还为他考虑问题，于是欣然说："请讲。"

"从表面上看，您提高租金，或是把它租给办舞会、晚会的人，会得到更高的利润。但是您想过没有，如果您提高了租金，反而会使您的收入降低，因为您提高租金实际上就等于把我撵跑了，这对于我来说，只不过是换一个地方继续讲课罢了，但是对您来说可不一样。您最近难道没有发现吗？参加我培训班的都是那些有文化、受过教育的中上层管理人员，这些人来到这里听我讲课不正是对您饭店的宣传吗？他们回去后很可能会告诉他的亲人、朋友，说自己在您的饭店听到戴尔·卡耐基的精彩演讲，这些人就可能会来到您的饭店，这是多么好的免费宣传广告啊！即使您花钱在报纸上登广告也很难达到这一效果，这难道不划算吗？"

经理听完，若有所思地点了点头，收回了提高租金的要求。

这个例子中，卡耐基在说服饭店经理的时候言明了利害关系，说明了提高租金的坏处，又让对方意识到不涨租金的好处，从而让对方觉得从中获益良多，并最终心甘情愿地接受了卡耐基的建议。

在日常生活中，人们在说服他人的时候常常会采用"动之以情，晓之以理"的方法来说服对方，但有时候，你还需要站在对方的角度，以"利"来诱导他、说服他。

提到李宁，我们自然会想到那个创造了世界体操史上神话的"体操王子"。但是在他即将退役的时候，却迎来了人生的重大抉择，他可以继续自己的事业，到广西体委任职，或是到国家队当教练，也可以进军演艺界，走上明星之路。

当时，健力宝公司的总裁向李宁发出了邀请，想让他加盟。两个人会面后，对方谈起一个美国运动员退役后成功创办自己的体育品牌的历程，让李宁若有所思。当李宁提出想要创办一所体操学校时，这位总裁说："这是一个好想法，当然你可以靠国家拨款资助，但是想必会遇到一些困难，还不如自己创条路子，比如销售李宁牌运动服，等到赚了钱，你想办体操学校，莫说是一所，就是办十所也很轻松。"

听了这番话，李宁为之一动。这时对方继续说："我那时创业走了不少弯路，你要是从零开始，实在太难，还不如加入我们公司。健力宝需要你这样的人，也能帮助你实现自己的理想，我相信只要我们携手合作，绝对不会是1+1=2这样简单的算术。"

这一席话终于让李宁下定决心加入健力宝公司，后来李宁果然成功创办了以自己名字命名的运动品牌。

这个例子中，健力宝总裁正是抛出了"利益"的诱惑，并动之以情，从而打动了李宁，实现了自己的说服目的。

当然，言明利害关系并不是都要用婉转、动情的话语，因为当面对一些固执的说服者时，这些话语就像毛毛雨一般，对他毫无用处。这时最好的办法就是"直陈后果，以利制人"，即用一些较为激烈的言辞直接告知对方，如果不接受劝说，就会失去某种"利"。

范某常常无视公司的规章制度，让他的上司十分头疼，比如经常迟到，上班玩手机、聊天，等等。上司为此找他谈了几次，但是可能是因为方法不当或力度不够，范某仍然我行我素。直到新来了一位做事雷厉风行的上司，才改变了这一局面。

一次，这位上司当着众人的面说："我制定了新的规章制度，已经征得了公司领导的同意，所以大家一定要遵守。如果有违反者，不管是谁，都要受到严厉处罚。而且我可以明确告诉大家，我们部门有可能要精减人员，我不希望你们在座的任何一位因为这点小事而被公司辞退！"

范某听了，知道这位新上司是新官上任三把火，哪里还敢无视他定下的规章制度。

这位新上司仅用一句话就根除了范某的恶习。解决问题的关键就是"利益"，因为谁也不想丢掉自己的饭碗。因此，在说服他人的时候可以适当"暴力"一点，着重强调"利害"二字中的"害"，这样你的话语就会更有力量。

运用"权威效应"，让对方信服

一位化学教授曾经做过这样一个实验：他拿出一个小瓶子，告诉学生这是一位著名化学家的最新研究成果，里面装有一种化学物质，有气味，如果谁闻到了气味，要举手告诉他，结果多数学生都举起了手。

但是实际上，瓶子中装的是没有气味的蒸馏水，并不是什么化学物质。但是，在著名化学家这一权威者的影响下，大多数学生都认为它有气味，这便是"权威效应"。

"权威效应"也叫"权威暗示效应"，是指如果一个人地位高、有威信，就会受人敬重，而他所说的话以及所做的事情就很容易引起别人的重视，并让他们相信其正确性。我们中国有句话叫"人微言轻，人贵言重"，说的也是这个道理。

通过"权威效应"，我们在向对方传达这样一个信息：这可是权威人士说的话，是不容置疑的。这样就能给对方一定的心理压力，让对方相信这是正确的，从而使对方信服。

其实，人们很早就学会了利用"权威效应"来达到说服他人的目的。

麦哲伦因为举世闻名的环球航行而在世界航海史上留下了光辉的篇章，但是你可知道，麦哲伦在说服西班牙国王赞助并支持自己的航海事业时困难重重。原来在那个年代，很多人打着航海家的幌子到皇室骗取钱财，所以西班牙国王对于所谓的航海家一直持怀疑态度。那么麦哲伦是怎么说服国王的呢？

当时有一位著名的地理学家叫帕雷伊洛，是人们公认的地理学界的权威，麦哲伦找到了他，让他陪自己去说服国王。这位地理学家在见到国王后大讲一通麦哲伦环球航海的必要性与各种好处。因为是权威人士，所以国王非常信任他，于是同意了麦哲伦的航海计划，这才有了麦哲伦环球航海的壮举。

但是人们在事后才发现，这位权威的地理学家并没有那么权威，因为他对世界地理的认识是不全面的，甚至是错的，比如对于经度、纬度的计算就出现了诸多偏差。不过这些都已经无关紧要了，因为在"权威效应"的作用下，麦哲伦已经达到了自己的目的。

事实上，在现实生活中，人们很信赖权威。有位心理医生做过一个有趣的实验，他把自己的医师证书挂在了办公室的墙上，他发现，每当病人看到墙上挂着的证书时，他们往往会更容易接受自己的建议。

事实就是这样，如果一位推销人员对你说"这种洗发露效果很好"，你可能会怀疑他，认为这是他推销产品的一种手段，但是如果这时一位名人说"这种洗发露效果很好"，多数情况下你会选择相信他，并买来试一试。

白兰地口感柔和、香味纯正，被人称为"葡萄酒的灵魂"，深受人们的喜爱，而且长销不衰，但是在二十世纪五十年代，情况并非如此。

当时法国是白兰地的主要产地，为了扩大白兰地的销路和影响力，酒商把目光投向了正在飞速发展的美国。一次，当时的美国总统生日要到了，这些酒商抓住了这次机会，利用两国的新闻媒体大肆宣传，说是要送白兰地给美国总统过生日。于是在美国总统生日的前一个月，白兰地便成了人们茶余饭后津津乐道的话题。而且大家都相信，总统喝的酒必定是好酒，于是纷纷购买。就这样，很快，白兰地便打入了美国市场。

"总统喝的酒必定是好酒"，这些酒商运用了"权威效应"，成功说服了消费者，让白兰地声名远扬。

所以在说服他人的时候，不妨利用一下"权威效应"，比如告诉对方"我很懂行，是这个领域的专家""这是某某大师的建议""某位名人也喜欢这样做"，或者在与人辩论、说理时引用一些权威人物的话，等等。

巧用实例，让对方在事实面前低头

说服他人时，如果你的观点仅仅是一些理论性的骨架，没有实例的支撑，即使你有"三寸不烂之舌"，也不能成功说服对方。

王涛这个人很有意思，对任何事物都喜欢评头论足，自认为有一番独到的见解。比如，有同事问他："今天新上映的电影听说不错，要不去看看？"王涛通常会拒绝说："我才不去，一点儿内涵也没有，浪费钱。"同事疑惑道："你去看过了？不对啊……"

最近小区附近新开了一家烤鱼店，朋友们邀请王涛一起去，他却说："千万别上当，他们家的烤鱼做得不行。"朋友们又问："你吃过了？"王涛挠挠头说："这个倒没有，只是听说不好吃。"

时间长了，大家都觉得王涛这个人说话太不靠谱了，所以都不愿意跟他聊天了，玩的时候也不再询问他的意见。

想要别人信服我们的观点，必须要有事实来支撑，而不是像王涛那样说一些泛泛的、空洞且没有实际意义的话。比如，如果你说"明天天气不好"，则应该再加上一句话"天气预报说明天会下雨"，有了这样一个事实，别人才会相信你。

假如你要刊登一则广告，推销某种药品，有两种方式供你选择：第一种是把这种药品的成分、功能、用法详细介绍一遍；另一种是找一位患者亲身服用，由患者来讲述该药的效果。你会采取哪种方式呢？

倘若你是一名优秀的说服者，就应该知道实际的例子比一般性的理论介绍更有说服力，选哪个自然不言而喻了。俗话说："事实胜于雄辩。"在日常生活中，你要说服别人，就需要用事实说话，多使用具体的例子，这样即使对方有再高明的辩论技巧，也会在事实面前低下头来。

在第二次世界大战期间，美国总统罗斯福的私人顾问萨克斯受爱因斯坦、奥本海默等人的委托，带着爱因斯坦的信件去劝说罗斯福下令研究原子弹。俗话说："隔行如隔山。"尽管萨克斯费尽口舌，百般陈述利害，罗斯福的反应仍然十分冷淡。该怎样说服总统呢？萨克斯思前想后，终于想出了一个好办法。

第二天，两个人共进早餐的时候，罗斯福说："今天不许再谈爱因斯坦的信，一句也不许谈，明白吗？"萨克斯看了一眼总统，笑了笑，说："那么我就谈一点历史吧。当年，拿破仑横扫欧洲大陆，却唯独在英国人手下吃了亏，知道是为什么吗？"

罗斯福饶有兴致地看着他，示意他继续说下去。萨克斯知道机会来了，于是说："英法战争期间，拿破仑在海上屡战屡败。这时，一个叫富尔顿的小伙子建议拿破仑将法国战舰的桅杆砍断，风帆撤去，木板换成钢板，再装上蒸汽机，以提高海军的战斗力。不料拿破仑根本不懂这些东西，一气之下把富尔顿当成疯子轰了出去。后来历史学家们认为，正是由于拿破仑拒绝了富尔顿的建议，才使得英国幸免于难。"

说到这里，萨克斯停顿了一下。这时，罗斯福的神色已经开始凝重了起来，萨克斯赶紧趁热打铁，说："总统先生，如果当时拿破仑接受了富尔顿的建议，也许十九世纪欧洲的历史就要重写了。"

听完后，罗斯福沉思了几分钟，最后说："你胜利了，我决不做第二个拿破仑。"

当然，我们用事实说服他人无须次次都引经据典，当一时想不起来合适的例子的时候，不妨谈一谈自己的亲身经历，例如一些难忘的事、美好的回忆等。由于是自己亲身经历的，所以讲的时候必定会很真切，容易吸引对方。

在讲述亲身经历的时候应该注意以下两点：

第一，说话中加上具体事件发生的时间，例如，"昨天下午我……""上个星期四我……""今天早上我……"等，这样更有说服力。

第二，讲述的事情要符合人们的思维习惯。如果你讲述的事情与人们平常的思维习惯相差甚远，那么它就会没有说服力，甚至还会让人觉得你是在编造故事。

"三人成虎"，重复说服的叠加效应

　　古时候有一个成语叫"三人成虎"，说的是魏国大夫庞恭在陪魏国太子到赵国做人质的时候，怕魏王听信谗言，于是对魏王说："如果有一个人跑来对您说集市上有老虎，您相信吗？"

　　魏王说："我当然不信。"庞恭继续问："如果是两个人对您这样说呢？"魏王说："我有些将信将疑了。"庞恭紧接着又问："如果是三个人都说亲眼看见了集市上的老虎，您相信吗？"魏王说："我信了。"

　　庞恭听了这话以后，深有感触地说："集市上根本没有老虎，但是说的人多了，就变成真的有老虎了。现在赵国国都邯郸离魏国国都大梁的距离比距离这里的街市远了许多，而议论我的人必定也会有很多，希望您不要轻信人言。"魏王说："我自然知道这个道理。"

　　但是等到庞恭告辞离去，很快魏王就被谣言所左右，庞恭再也没有得到魏王的召见。

　　我们一定能从这个成语故事中感受到重复的力量，相比第一次听到的事，人们更愿意把已经重复了一遍的事看作真实，即使这些事情根本就是谎言，但是只要不断重复，这些谎言也会变得更加真实、可信，这便是重复的叠加效应。

　　在说服他人的时候，重复是最简单、最普遍的方法之一。不过由于这招实在是太明显了，所以我们有时候会忘了它的效果到底有多强。

当第四季《中国好声音》总决赛落下帷幕的时候，一则广告成为人们津津乐道的话题："上上上上，上优信二手车……"这则广告虽然仅仅六十秒，但是价值却高达三千万元！而整个广告，除了"上上上上，上优信二手车""二手车，二手车，优信二手车"之外，没有其他广告词。

对此有人认为，这则广告颇有当年脑白金的"洗脑"效果，也有人说这则广告，让人想起了曾经的"恒源祥，羊羊羊"。

如果你是一个广告商，想要通过广告来说服消费者，并且你需要在极短的时间内打造自己的品牌，那么你不妨试试这种方式。

重复的话往往具有很强大的力量，对于说服高手来说，这是他们惯用的技巧。赫赫有名的美国前总统林肯曾在一篇演说中这样形容政府："来自人民的为人民的人民政府。"在这个句子中，林肯先后三次强调"人民"这个词，让人印象深刻。

在生活中，我们也在不断运用这种重复的力量来说服他人。比如，律师在做陈述的时候，第一句话总是会表明自己的观点："陪审团的各位女士、先生，我认为某某是无罪的……"到了最后再重复一遍，以此产生说服的力量。

那么，我们应该如何运用这一说服策略，或是在运用时应该注意哪些问题呢？这里需要大家记住两点：

第一，适当提高重复的次数。比如，在一次公开演讲中，你可以适当提高所讲内容的关键词出现的频率，并且在结尾的时候重申自己的要点。

再比如，在一次与客户沟通的过程中，可以多提几次产品的名称，或是产品的一些特殊性能。一场谈话后，这些关键词往往能在客户的脑海中留下深刻的印象。

不过需要注意的是，重复的次数不宜过多，点到为止即可，否则次数太多就成了唠叨，会让人感到不耐烦，影响你的说服效果。

第二，重复的话语本身要简洁，同时要具有力量感。比如，你可以用通俗易懂、朗朗上口的话语说服对方。

第八章

拒绝别人，把话说到点子上才行

拒绝是一门高深的学问，不是所有人都懂拒绝之道，那些"打肿脸充胖子"的人只会给自己带来无限的烦恼。要想成功拒绝别人，就必须言之有物，把你的话说到点子上，或先发制人，或给对方一个无法请求你的借口，或者用幽默、委婉的语言表达拒绝之意。

委婉说"不"，拒绝别人也不失优雅

喜剧大师卓别林说过这样一句话："学会说'不'吧，那样你的生活将会好很多。"但是说"不"不是一件容易的事。说得太轻、太模糊，别人可能会错了意；说得太重，又可能会伤害对方的感情。

直接拒绝更是不可取，因为话说得太直白可能会让对方觉得你不顾及他的面子，进而认为你不尊重他，甚至会对你产生不满的情绪，使你从此多一个敌人。相比直言拒绝，真诚委婉地说"不"才能把拒绝带来的伤害降到最低。

拒绝他人，我们需要一个理由，倘若"无理"拒绝，就显得不通情理。但是若是方法不对，同样会显得我们不近人情。那么我们该怎么办呢？不妨试试婉陈事由这一方法，即在拒绝他人的时候，委婉地向对方陈述客观事实，让你的理由含蓄一点，委婉一点，既不伤人，又能得到对方的谅解。

一天，正当小静为公司的企划案忙得焦头烂额的时候，电话响了，小静拿起手机一看，是好朋友兰芳打来的，于是接了电话。只听一个清脆的声音说："小静，你在忙吗？我有件事情想请你帮忙。"

小静心中一沉，但还是客气地问了句："什么事啊？"

"也不是什么大事，就是我男朋友正在为日本客户做产品说明，但那些说明书都是日文的，你正好学的日文，帮忙看看可以吗？"

小静想了想，且不说自己的工作忙得一塌糊涂，这专业说明书的翻译也不是一个简单的活儿，但是该怎么拒绝兰芳呢？小静考虑了一会儿，非常客气地说："兰芳，其实我是愿意帮忙的，不过你知道的，产品说明书这种东西很专业，虽然我大学那会儿学的是日文，但是这几年从事的也是'八竿子打不着'的行业，大学那点儿知识早就还给老师了。现在真的是爱莫能助啊！"

"别谦虚，记得那会儿你可是我们班最优秀的，一份说明书可难不倒你。"兰芳坚持道。

"其实，这要是在平时，这个忙我也帮了，但是你不知道，最近公司正在赶一个项目，每天都要加班，我都一个星期没休息了，现在一看文件脑袋都要炸了。我想你男朋友的文件一定非常重要吧，为了不耽搁事儿，我建议你找专业的翻译公司翻译。"

兰芳想了想说："嗯，也是，毕竟这是一件棘手的事，那就不麻烦你了。你啊，别太累了，早点休息。"

小静在面对兰芳的请求时并没有直接拒绝，而是分三步进行委婉、巧妙的推脱：先是坦言相告产品说明书这种东西很专业，自己不能胜任；然后又委婉地陈述事由，说自己太忙；最后还建议她去找翻译公司翻译。小静这番婉拒的话，在理又得体，拒绝得恰到好处。

除此之外，要想委婉地拒绝他人，还需要做到以下几点：

1. 降低对方对你的期待

在一般情况下，对方之所以有求于你，是因为他们觉得你有能力帮助他们。如果你能讲一讲自己的短处，就能降低对方对你的期待，再拒绝对方就不再那么困难了。

2. 顾及对方的自尊心，给对方留一条退路

人都是有自尊心的，如果我们一开始就强硬地拒绝别人，很可能会伤害他人的自尊心，这时我们不妨尊重对方的愿望，然后用让对方等待的方式拒绝他的要求。

一位汽车销售员正在和一位大客户谈生意，客户突然要看该汽车公司的成本分析资料，但是公司规定，这类绝密资料是不能透露给客户的。该怎么办呢？如果当场拒绝，可能会因此失去这位大客户。

这位销售员想了想，并没有说"不行"之类的话，而是委婉地说："这个……好吧，下次有机会我给您带来吧。"客户也是精明之人，自然知道这位销售员话里的意思，于是不再提类似的要求了。

面对对方的请求，最好不要当场拒绝，不妨说："让我再考虑一下，下周再给你答复。"这样，既不伤情面，又能巧妙地拒绝对方。

3. 变换词语，让语气更委婉

在拒绝他人的时候尽量不要直接使用"不""不行""不要""没办法"等词语，而要换成"我考虑一下""你先等等""让我想想"等，然后再陈述说"不"的理由。

比如，在拒绝别人的表白时，不要直接说"我不喜欢你"，因为这样虽然直率地表明了你的态度和想法，但是未免太过于直接和刺耳，可能会伤害对方的自尊心。这时不妨将"我不喜欢你"换成"我们不太合适""我们更适合做普通朋友"等话语，这样既表达了自己的拒绝之意，又不会使对方难堪。

逐客令，说好才不伤情面

鲁迅先生曾说："无端地空耗别人的时间，其实是无异于谋财害命。"而我们身边总有一些"好聊分子"在浪费着我们的时间。

本来"有朋自远方来"是一件好事，但是这些"好聊分子"对聊天有着浓厚的兴趣，总是有话题，于是你"舍命陪君子"，陪他聊，最终你的时间被无情地浪费掉了。

安胜最近很烦恼，因为最近他的邻居，也是他的大学同学——志远，总是跑过来和他"漫谈人生"。刚开始的时候，安胜也能理解，毕竟志远刚刚失去了工作，心情不是很好，多一些抱怨也是正常的，作为他的朋友，理当为他分担一些忧愁。

这几天安胜工作很忙，每天晚上回来只想躺在床上大睡一觉，可是志远仍然每天准时过来诉苦。安胜简直成了一个"出气筒"，每天都要听他那些重复了八百遍的话。安胜有心想劝他回去休息，可是又怕伤了彼此的情面，于是只好默默忍受。一次，安胜实在困得不行了，就睡着了，志远这才悻悻地回去了。

第二天，安胜起来的时候感到没精神，顶着两个黑眼圈就去上班了。结果因为一整天都迷迷糊糊的，所以总是犯错，为此还被经理训了一顿。安胜真是有口难言，不知道怎么办才好。

生活中，一些不请自来的"好聊分子"总会打乱我们的生活节奏，让我们不胜其烦。也许你想要拥有私人空间，喜欢一个人安安静静地待着；也许上班累了一天，你需要早早休息；也许你因为工作压力大，需要更多的时间学习。而这一切都被客厅里坐着的那个"好聊分子"破坏了，但是出于面子，你又不得不装出热情好客的样子坐在那里陪他无意义地闲侃。遇到这种情况该怎么办呢？

最好的方法就是运用一些语言技巧，巧妙地下逐客令，委婉而又坚决地将不请自来的人拒之门外。

1. 婉言相劝胜过直言拒绝

逐客令下得生硬、直接容易伤害对方，而婉言拒绝则可以避免这一点，从而达到拒绝的目的。比如，你可以这么说："今晚我有空，我们可以畅聊一番，但是明天我就要全力以赴地做项目报告了。这次的项目至关重要，我可不想错过这次晋升的机会。"

还可以这样说："最近孩子睡眠不是很好，我们说话是不是小声一点？"其实这句话的言外之意就是"你的高谈阔论已经影响我家人的休息了，你还是尽快离开吧"。

2. 以热代冷，逐客更有效

人人都有自尊心，面对别人的热情也会觉得不好意思。所以如果有闲聊者常常光顾，你不妨用对待贵宾一样的热情来招待他。比如，每次都客客气气，笑脸相迎，好茶、好饭招呼他，让他觉得不自在，这样下次他就不敢再贸然前来了。以热代冷，既不失礼节，又能达到逐客的目的。

3. 主动出击，把自己变成客人

一旦客人到了我们家里，我们就要礼让三分，尽地主之谊，这样我们想下逐客令就会难以开口。不如主动出击，把自己变为客人。一旦你成为客人，主动权就掌握在了你的手里。比如，先了解一下对方一般会在什么时候来你家，然后在此之前先"杀"入他家。这样时间一长，他就会被你黏在自己家里，而你什么时候想去、什么时候离开完全可以由自己决定。

4. 找一些事情困住他

对于闲谈者来说，他们之所以喜欢闲聊，很大程度上是因为他们无事可做，如果你为他们找一些事做，利用这些事困住他们，就能从根本上达到逐客的目的。

如果闲谈者是一位青年，你可以这样说："'少壮不努力，老大徒伤悲。'我现在非常后悔当初没有好好珍惜时间。而你还年轻，正是学习的好时机，你应该多学一些东西来充实自己、提高自己，这样才能过上好的生活。"

如果闲谈者是一位老年人，你可以根据他的条件，诱导他培养一些兴趣爱好，比如："我偶然一次看到您在画画，画得可真好，如果参加绘画比赛，说不准还真能拿个奖呢。"这样他一定会勤加练习，自然也没有多余的时间总是来打扰你了。

幽默的人，更会拒绝他人

　　拒绝是一门学问，也是一门艺术，拒绝得好，你才能在不伤人情面的情况下全身而退。而要想巧妙地拒绝他人，你需要学会幽默。善用幽默拒绝他人，对方就会感受到你的善意、委婉和真诚。

　　罗西尼是意大利著名的歌剧作曲家，生于1792年2月29日，因为每四年才有一个闰年，所以他过第十八个生日的时候已经七十二岁了。为了庆祝这难得的生日，罗西尼的一些朋友为他凑了两万法郎，并在他生日的前一天告诉他，要为他雕一座雕像。

　　罗西尼觉得这样是在浪费钱财，于是对朋友们说："真是浪费！给我这笔钱，我自己站在那里好了！"朋友们听了哈哈大笑，不过也明白了罗西尼的用意。

　　面对朋友们的好意，罗西尼知道，如果自己正面回绝的话，就会伤了朋友们的心，于是他干脆提出了一个不切实际的想法："给我这笔钱，我自己站在那里好了！"这样不仅含蓄地指出了朋友的做法太奢侈，还让人愉快地接受了他的拒绝。

　　在幽默中有一种反转式的幽默，先是故作神秘、深沉，然后突然点破，让人在毫无准备的大笑中失望。拒绝他人的时候不妨试一试这种方式。

老姜十分喜欢钓鱼，可是每次出去回来都很晚，所有家务都是妻子一个人做。妻子很生气，便下令老姜周末的时候在家大扫除，不准去钓鱼。恰巧几个同事来找老姜去钓鱼，老姜没办法只好回应道："说实话，我是个钓鱼迷，那技术也是这个。"说着，老姜伸出大拇指在众人面前比了比，可是话锋一转，老姜满脸愁苦道："怎奈最近的周末都被老婆没收了，我是哑巴吃黄连——有苦说不出。"众人一听，顿时哈哈大笑，也就不再勉强他了。

当然，你还可以用假设的方法，虚拟出一个与对方所求相反的结果，利用巨大的反差产生的幽默效果来拒绝他人。比如，著名的大文豪萧伯纳就善用这种幽默的拒绝方式。

有一位演技很好、姿色出众的女演员非常仰慕萧伯纳的才华，不过这位女演员多少带有一点傲气，总认为自己应该嫁给天底下最优秀的男子，而萧伯纳自然是她的首选对象。

在一次宴会中，这位女演员和萧伯纳相遇了，她迈着自信的步伐，轻轻走到萧伯纳的跟前，用迷人的声音说："萧伯纳先生，如果以我的美貌，加上你的才华，生下一个孩子，那么这个孩子一定是最优秀的了！"

萧伯纳听完后微微一笑，回答道："对极了，但是如果这孩子长成了我的貌和你的才，那将是怎样的呢？"

这位女演员先是愣了一下，然后才明白了萧伯纳的拒绝之意。虽然她有些失望，却并没有因此而怨恨萧伯纳，反而成了萧伯纳最忠实的读者和好朋友。

我们应该建立这样一种意识：我们有权利说"不"，不必因为拒绝了别人而感到不好意思。尤其面对爱情时，我们有接受爱的权利，也有拒绝爱的自由。如果你觉得对方不适合你，你最直接的反应就是拒绝对方，这时来一点幽默既能保全对方的面子，又能明确地表达自己的拒绝之意。

📍 精准表达

　　有位打字员小姐收到了一封求爱信，她回信拒绝了，可对方仍然坚持不懈，这位打字员小姐很苦恼。一天，她终于想出了一个好主意，在收到小伙子的来信后，她把来信重新打了一遍，连同原信一起寄了回去，并附了一张纸条："我全都替你打完了。"从此，小伙子再也不寄这种信了。

　　这位小姐巧妙地利用她的职业便利，幽默地回绝了小伙子的求爱，又不使对方难堪，实在令人佩服。

用好挡箭牌，拒绝才能不伤人

在日常生活中，我们会经常遇到这样的场景：你买了新车，还没来得及出去兜兜风，一位朋友却跑来向你借车；一个不怎么讲信用的朋友突然向你借钱，你知道这必然是"肉包子打狗——有去无回"，但是碍于情面又不好意思拒绝；你的一位朋友在推销一件商品，让你帮帮他，但是你根本没有理由买这件自己不需要并且高出市场平均价格的商品……

我们想要拒绝对方，但是一种"不好意思"的心理时常使得我们的拒绝到了嘴边又吞了回去。在这个过程中，我们的内心始终摇摆不定，我们的态度总是模棱两可，我们的语言总是吞吞吐吐。他人提出要求，你答应了对方还好说，一旦拒绝，就会被人误解为是在摆架子。

但倘若有一个挡箭牌的话……

小美在一家公司做销售，人如其名，小美不仅业绩出色，而且相貌出众，成为公司里众多青年追求的目标。阿成是公司设计部门的一位技术员，因为几个项目要和小美合作，几次接触后两个人就熟悉了。

有一天，阿成鼓足勇气向小美告白了，可是在小美看来，阿成虽然为人老实，但是长得确实有点抱歉。该怎么拒绝他呢？如果他追问拒绝的原因怎么办？难道要告诉他是因为他的长相？当然不能这么说，这会伤害他的自尊。思前想后，小美告诉阿成："阿成，你是一个好人，但是我想找一个事业有成的男朋友，并且要比我大三到五岁，所以……"

木讷寡言的阿成还真以为小美拒绝他是因为自己没有达到小美的要求，于是就放弃了继续追小美的打算，两个人最终成了朋友。

人是社会性的动物，所以人与人之间互相制约的因素有很多，如果我们遇到类似拒绝的烦恼，不妨像小美一样拿恰当的挡箭牌来拒绝他人，这样既不会伤害到别人的自尊心，还能维持彼此间的友谊。

那么具体的挡箭牌都有哪些呢？下面我们列出一些生活中常见的挡箭牌，大家可以参考一下，以备不时之需。

1. 用家人做挡箭牌

家人是与我们最亲近的人，也是最适合做挡箭牌的人。所以只要打出这张亲情牌，对方多半会收回他的请求。

有人向你借车，如果你不愿意，这时候你就可以拿家人来做挡箭牌，告诉他："哥们，真是万分抱歉，我这车已经被我老婆征用了，我也只能偶尔开开。"相信听完这一番话，他不仅不会向你借车，还会安慰你几句。

如果你还单身，可以换个说法："买车的大部分钱是我爸妈出的，现在他们看到新车被刮成这样很心痛，我自己开都得小心翼翼，更别提让我外借了。"

2. 用制度做挡箭牌

身在职场，公司里难免有条条框框，不过它也能成为拒绝别人的挡箭牌。

一位职工找到车间主任，请求换一个车间工作。车间主任心里明白现在正是生产的关键时期，换车间是不可能的事，不过他没有直接明说，而是告诉这位职工："公司规定，换车间时必须和其他车间的主任沟通，一致通过才可以，我一个人决定不了，所以我们要讨论一下。不过现在正是生产的重要时期，换车间涉及很多问题，所以不一定会成功。"

这样回答的目的，就是让对方明白，这时换车间不是一个明智的选择，从而让对方知难而退。这比当场回绝的效果要好得多。

3. 用急事做挡箭牌

事有轻重缓急，如果你能让对方觉得你自己的事才是当务之急，那么他自然会收回他的请求。比如，当别人向你寻求帮助时，你可以告诉对方自己有紧急的事情要处理："真是不好意思，这次实在是太忙了，如果你下次需要帮忙的话，可以提前跟我打一声招呼，我一定会尽力帮忙。"相信对方在听到这样坦诚的回答后就不会再难为你了。

先发制人，封住他的口

生活中也许你有过这样的经历：本来想要拒绝他人的请求，但是在对方强大的语言攻势下，你很快就乱了阵脚；本来要说"不"，但是"不"字还没说出口，你就败下阵来，结果对方心满意足地走了，你却过了好一会儿才反应过来，不禁仰天长叹："如果我抢先一步先说'不'该多好啊！"

世上没有后悔药可吃，如果想拒绝他人，就要先发制人，抢先一步封住他的口，让他的请求到了嘴边却说不出来。为什么要这样做呢？这是因为一旦人们说出了自己的想法后，他们的潜意识中就会坚持这一想法，并且对与之持相反意见的人抱有敌意，所以一旦让对方提出了请求，我们再去拒绝就会很麻烦。因此，拒绝别人时我们应抓住时机，先一步开口。

从前有一个县官姓张，他有个儿子很不争气，整天无所事事，还迷上了赌博，但他逢赌必输，又不敢向家里要钱，只好偷偷向乡亲们借钱。每次这位张公子前来借钱，乡亲们都唯恐避之而不及，因为他借的钱，从来都是"肉包子打狗——有去无回"，不过因为是县官的儿子，人们不好得罪，所以能躲就躲，躲不过只能借给他。

一天，张公子又赌输了，到处借钱，正好碰到了杜员外，杜员外自知事情不妙，心想这张公子肯定又要向他借钱，要是真这样，该怎么办呢？他灵机一动，计上心来。

果然这张公子笑呵呵地走了过来，杜员外也不着急，张公子走近了正要开口说话，刚蹦出一个"我"字，杜员外抢先说："这不是张公子吗？对了，张公子，我正要去找你呢。"

张公子很好奇，心想杜员外找他干吗："你……"张公子第二句话还没说出口，就给杜员外一句话堵住了："这两天可把我急坏了，街东头儿老王家有一批货非常便宜，我想买下来，但是凑了两天也没把钱凑齐，我正想找你借点儿呢。"张公子一听，才知道自己是"和尚庙里借梳子——走错门了"，于是赶紧搪塞了几句，去找其他人借钱去了。

故事中的杜员外正是用抢先开口的方法，巧妙地拒绝了张公子借钱的请求。因此，当你知道别人将有求于你的时候，你可以抢先开口，这样便能达到拒绝的目的。

曹操想要攻打吴国，但是吴国的主将周瑜足智多谋、精通兵法，要想灭掉吴国，必须先解决周瑜。曹操考虑了一番，派蒋干去东吴劝降周瑜。周瑜听说蒋干要来，知道他是来劝降的，于是想了一个计策，即先发制人。

一见面，蒋干还未开口说话，周瑜便先说了："子翼不辞辛苦远道而来，是为曹操做说客的吧？"蒋干没想到周瑜一开口就点明了自己来的目的，心想劝降之事还是过会儿再说，于是拱了拱手说："我们老朋友相逢，怎能这样说呢？"

周瑜把他请进来，摆上酒席，席间，周瑜又对众将说："这是我的同窗好友，虽然从江北来，却不是曹操的说客，你们不要怀疑。"说着，解下佩剑交给了太史慈："你佩上我的剑做监酒，今天宴饮，只叙朋友交情，如有谁提起曹操与东吴军旅之事，就斩了他。"蒋干大吃一惊，席间自始至终不敢提劝降之事。

等到宴会过后，周瑜拉着蒋干的手说："大丈夫生于世上，遇到知己之主，外托君臣之义，内结骨肉之恩，言必听，计必从，祸福与共，即使是苏秦、张仪、陆贾、郦生那样的人再生，也无法说动我。"就这样，蒋干只好作罢。

周瑜采用了先发制人、抢先开口的策略，蒋干一进来就点破了他来吴的企图，使得蒋干不便开口。然后在酒席上派太史慈做监酒官，并强调"只叙朋友交情，如有谁提起曹操与东吴军旅之事，就斩了他"，这又使得蒋干不敢开口。最后宴会过后说的一段话更是慷慨激昂，意在告诉蒋干，是大丈夫就当如此，只有小人才会反其道而为之，这又使蒋干难以启齿。总之，从蒋干进来的那一刻起，周瑜就已经掌握了说话的主动权，一环扣一环地先发制人，让蒋干欲说不能，只能作罢。

在现实生活中，抢先开口的话不一定当面说，比如当你觉得有人将有求于你时，可以在他请求你之前告诉对方你很忙，这样对方如果没有什么迫不得已的事，是不会来麻烦你的。即使真的见了面，你也可以这样说："最近的日程表排得满满的，我想这一个月我是没什么空闲时间了。"或是说的话带有一些警告意味，如："我得先告诉你，这个月我的日程表已经排满了，不可能有什么新的计划了。"

先发制人，有时并不需要实际开口说什么，只要把自己想要传达的信息表露出来，自然会有"此时无声胜有声"的效果。比如，一些结了婚的女士把结婚戒指戴在手上，从某方面来说，就是在向那些不清楚她婚恋状况的异性表达拒绝之意。

你的难处也能帮你拒绝他人

　　一个亲戚找你帮忙，让你做一件你职权以外的事情，你能力有限，但是碍于亲情，"拒绝"二字又无法说出口；一个朋友曾经在你最困难的时候帮助过你，现在有求于你，你也很想帮他，但是心有余而力不足；你的领导给你安排了一份十分艰难的工作，你觉得自己根本无法胜任，但是又不知道怎么拒绝……

　　对方请求帮忙，如果是举手之劳的事，想必谁都会答应，但是如果你遇到上面这些问题，该怎么办呢？俗话说："家家有本难念的经。"适当讲一讲自己的难处，让对方理解你的苦衷，也能达到拒绝他人的目的。

　　艾琳年轻、貌美，又是单身，而且最近刚到一家大公司上班，让周围的朋友好生羡慕。可是艾琳也有自己的烦恼，尤其是最近的工作，让她烦不胜烦。原来，最近领导每次出去约见一些重要客户的时候，总要带上她。

　　领导带她参加各种应酬，无非是想多谈成几笔生意，可是艾琳却深受其扰，因为一些男客户总是"骚扰"她，艾琳本想拒绝领导，不想再当公司里的"义务交际花"，可是每次出去，老板都特意叮嘱艾琳："这次见的是公司的一个重要客户，千万不能得罪他。"于是，艾琳每次话到嘴边却又说不出口。

　　一次，领导又带着艾琳去见一个大客户，这位客户姓董，是个"钻石王老五"，似乎对艾琳很有好感，经常以工作的名义邀请艾琳单独和他约会。艾琳本着不得罪重要客户的原则一直强忍着，但是这位董老板的爱情攻势日渐猛烈，终于有一天向艾琳表白了。

"不好意思，我有男朋友了。"艾琳直接拒绝说。"可是我问过你的领导，他说你还单身。"董老板十分坚持。"我现在还不想谈恋爱。"艾琳再次拒绝。"没关系，我会等你。"显然董老板并不死心。

艾琳没了办法，思前想后，觉得不能再这样下去了，应该找自己的领导谈谈，于是在一次谈话中，艾琳说："作为一名行政助理，如果工作需要，我可以参加应酬，但是我不是交际花，近来董老板的骚扰让我几近崩溃，如果您能理解我的感受，希望您能尊重我的隐私，不要将我的私人情况告诉给客户，也不要让我再参加这种应酬了。"

领导听后，表示了歉意，自此再也没有让艾琳担任"义务交际花"了。

我们都有自己的难处，并不总能有求必应，如果因为碍于情面或是一些别的理由去承诺一些自己不愿意做或是难以办到的事情，只会让自己痛苦。所以要适当说一说自己的难处，表明自己的立场，就像艾琳一样，这样对方才会理解你，不再难为你。

那么，我们应该怎样说出自己的难处呢？

1. 向对方诉苦

我们会发现，很多请求帮助的人会通过诉苦的方式博取你的同情，让你不好拒绝。其实我们也可以反过来用，即拒绝的时候向对方诉苦，只要你比他更苦，无形中就已经把他拒绝了。

比如，一个朋友想从外地来投奔你，你无法帮他，就可以这样说："哥们，你是不知道，我在这里都快混不下去了，每天上下班都要挤公交，累个半死。这边消费又高，每个月交了房租，吃吃喝喝，根本剩不下几个钱，我琢磨着不行了就回老家发展了。"这样一番说辞，难免会让他对你产生同情，面对如此"艰难"的生活，他自然不会来投奔你。

2．注意情绪，尽量委婉

在表达自己的难处的时候，一定要注意自己的情绪，不要说一些语气强烈的话，如"不行，不行，我这里都忙得焦头烂额了，现在根本没有时间帮你"，而是应该尽量委婉一些，如"真是不好意思，我真的很想帮你，可是你也看到了，我现在也忙得焦头烂额，实在是没有时间顾及其他"。

3．为对方寻找出路

当对方确实有为难之事找你帮忙，而你又无能为力，或是不想插手时，可以在说出自己难处的同时，为对方寻找解决问题的方法，比如："这件事我真是无能为力，你不妨去问问某某，说不定他能帮上你的忙。"这样一来，对方有了解决问题的出路，就不会介意你的拒绝了。

总之，面对他人的请求，你有什么难处、苦处，都要说出来，千万不要客气。适当说出自己的难处，才能让对方理解你的苦衷，让对方体谅你，让对方的请求难以说出口。

拒绝时需要一个合理的解释

　　拒绝一个人到底有多难，如果比尔·盖茨站在你的面前，让你帮一个忙，你会拒绝他吗？如果一位身份尊贵的人找你帮忙，你又会如何？看看世界著名学府哈佛大学给出了怎样的答案。

　　比尔·盖茨曾就读于哈佛，不过仅仅读了一年便退学了，比尔·盖茨曾恳请哈佛大学给他补发一张大学毕业文凭，哈佛大学拒绝了他的请求，理由是虽然他在商界取得了巨大成就，但是并不代表他在哈佛修完了该修的课程。

　　不仅如此，哈佛大学甚至拒绝了一位总统的请求。1986年，哈佛大学要举行建校350周年庆典活动，邀请当时的总统里根光临，里根借机向哈佛提出授予他名誉博士学位的要求。然而，哈佛大学拒绝了这位总统的请求，理由是总统固然应该尊重，但是他并没有进行过学术研究，不能授予他名誉博士学位之衔。

　　可见即使是再难拒绝的人、再难拒绝的事，一旦有了合理的解释，拒绝也会变得水到渠成。我们在拒绝他人的时候不要仅仅说一个简单的"不"字，而应该给对方一个合情合理的解释。人们常说爱上一个人不需要理由，但是拒绝一个人却需要一个合理的解释，否则，爱也会变成恨。

　　女孩对男孩说："我们分手吧！"男孩问："为什么啊？"女孩倒也干脆：

"没有为什么，就是要分手啊。"男孩并不甘心，继续追着女孩问个不停，女孩听烦了，心想他怎么这么缠人，分个手还需要什么解释，于是扭头便走了。

男孩心里十分难过，也很纠结，因为他一直在想，是不是自己哪里做错了，或是女孩看上了别人？就这样，本来开朗洒脱的男孩变得十分固执，一次又一次地跑去问女孩为什么分手，女孩也很烦，男孩越问，她越不开口解释。就这样男孩的负面情绪不断累积，变得易怒、冲动，终于有一天，女孩倒在了丧失了理智的男孩的尖刀之下……

如果故事中的女孩能够解释一下，男孩就不会为了得到一个解释而一步步走向罪恶的深渊了。其实在现实生活中，很多恋爱中的男女都会犯类似的错误，总以为提出分手不需要解释，但是结果往往把对方伤得很深。

其实不只拒绝感情需要一个合理的解释，日常生活中的所有拒绝都是如此。但是有些人认为，既然已经拒绝了对方，即使说再多的理由也是没用的，真的是这样吗？

一天，领导给李斌布置了一项任务，李斌自知完成不了，头摇得跟拨浪鼓似的，领导有点生气，说："别给我找理由，你就告诉我，能不能做？"

"不能！"李斌依旧摇头。

领导更生气了，心想：不能还这么理直气壮！于是怒道："为什么？"

"您……您不是说不要找理由吗？"李斌吞吞吐吐地说。

领导生气地说："不找理由不代表没有理由！"

是的，不找理由不代表没有理由。不找理由，老板也会生气，这是因为人们在被拒绝之后，都希望能听到一个合理的解释。特别是对那些因被拒绝而沮丧的人来说，一个合理的解释就像是止痛片一样，能减轻他们内心的伤痛。所以在拒绝他人的时候，解释是非常必要的。

拒绝他人更要尊重他人

俗话说："人要脸，树要皮。"对于一个人来说，没什么都不能没有尊严。一位名人曾说："我愿为维护我的尊严而放弃我所拥有的一切，包括我的生命。"可见尊严对于一个人来说是多么重要。因此，我们在为人处世的时候要注意照顾别人的感受，特别是在拒绝他人的时候，更要尊重他人。

为什么这么说呢？也许有人认为，对方既然请你帮忙，自然不会太在意面子问题，其实对于求助者来说，放下面子请你帮忙已经是很伤自尊的事情了，如果你不注意自己的言辞，甚至进一步指责对方、挖苦对方，更会伤害他的自尊，小则引起争执，大则失去一个朋友。

刘向家境贫寒，虽然工作了好几年，但是日子过得仍然很拮据，看着周围的朋友们日子过得红红火火，不免心生嫉妒。一次，一个朋友突然向他借钱，刘向便趁机挖苦说："向我借钱？我没听错吧？谁不知道在咱们这群朋友中，属您最有钱了，平时花钱如流水，衣服都是穿名牌，一件衣服，动辄上千，吃总吃高档的，自助餐您都不去的。再说您那房子，装修得都比得上宫殿了。您还能没钱？要我说，瘦死的骆驼比马大，就是您身上的一根汗毛，也比我们的腿粗！"

朋友听他说完，顿时满脸通红，一句话也没说就走了。从此，那个朋友连话也不跟他说，老死不相往来，好好的一段友谊就这样毁了。

当对方向我们求助的时候，必定有不得已的理由，即使对方的困境是他咎由自取，我们也无权指责他，更不能说一些伤害对方自尊的话。

有时候我们还会遇到种种请托的事情，如果断然拒绝，即使丝毫没有伤害对方自尊的意思，也会让对方觉得你自视甚高、不近人情。而如果能在拒绝的过程中表现出对对方的尊重，就能让对方心悦诚服。

一位老师辛勤工作多年，但是每年的评定职称，他都无缘上榜，今年又到了评定职称的时候，这位老师找到了校长。

"校长，您看这次评职称我有希望吗？"老教师问。

"来，先坐下喝口茶，最近身体怎么样？"校长并没有直面话题，而是转了一个弯。

"身体还算过得去。"

"像您这样的老教师可是我们学校的宝贵财富啊，这里的一大批青年教师都需要向您学习。"

"作为一名老教师，我自然会尽力，为学校培养出更多年轻有为的教师，可不知道我能否……"老教师继续问。

"您的教学经验丰富，教学得法，深受学生们欢迎，所以无论这次是否能评上，我们都需要依靠您这样的老教师，您说呢？"

"是啊。"

"不过这次评审，因为先前留下来的问题较多，所以还会有一些老师不能如愿，但这只是时间问题，相信大家也一定能谅解。但不管怎样，我们都会尊重并公正地评价每一位教师的劳动，尤其像您这样辛辛苦苦工作几十年的老教师，我们更不能忽视！"校长诚恳地解释说。

老教师听了点了点头，起身告辞了。

面对老教师评定职称的请托，校长先是肯定了老教师为学校做出的贡献，充分表达了对老教师的尊重，然后才委婉说出拒绝对方的缘由，让老教师心悦诚服、无话可说。如果这位校长直接拒绝对方的请求，想必这位老教师心中会有所不平，还可能因为情绪问题而影响教学质量。可见在拒绝他人的时候表现出一定的尊重，也能把事情摆平。

另外，在拒绝别人之前，我们可以先肯定对方的观点，这也是一种尊重他人的方法。比如可以说："这个主意不错，不过现在还不能这么办。""你的提议非常好，不过我们目前还不能采用。""你的产品真的非常不错，不过不适合我。""你是个不错的男人，但是我现在还不想谈恋爱。"

第九章

"声"入人心，话要说到心坎里

话语不是冰冷的信息传递机器，而是情感传递的媒介。当我们在话语中融入自己的感情时，更容易引起对方的共鸣，得到积极的回应。所以我们应当善于打"感情牌"，在谈话的过程中找到对方的"动情点"，把话说到对方的心坎里，这样我们才能与对方建立起良好的关系。

真情实意，拨动对方心里的那根弦

松下电器的创始人松下幸之助说过这样一段话："在这个世界上，我们靠什么去拨动他人的心弦？有人以思维敏捷、逻辑周密的雄辩使人折服；有人以慷慨激昂的陈辞去动人心扉。但这些都不足以打动人心，我认为在任何时间、任何地点去说服人，起作用的因素始终只有一个，那就是真情实感。"

在与人相处时，没有比真情实意的语言更能打动人心的了。一句简单的嘘寒问暖，能让人体会到你对他的关心；一句真情实意的话，能消除对方的防范心理，甚至让对方悬崖勒马、浪子回头。

一个深夜，一位出租车女司机被一个年轻男子劫持，面对凶恶的歹徒，女司机并没有慌，一边把钱递给歹徒，一边对歹徒说："今天就挣了这么点儿，如果你嫌少，我还有点零钱。"见这位女司机这样爽快，歹徒有些发愣。

这时女司机趁机说："这么晚了，家里人该着急了，打车又不方便，这样，你家住在哪儿，我送你回去吧。"歹徒犹豫了一下，把刀收了起来，说："送我去火车站。"

女司机见车里的气氛缓和了，便语重心长地说："我家里原本十分困难，而且我一没文凭，二没技术，只好去学车，于是便开始开出租车。虽然挣钱不算多，但是总归饿不死人，何况自食其力，穷点儿别人也不会笑话我。"

歹徒没有说话，眼神有点暗淡，女司机继续说："唉，谁都有难的时候，但是好在我们都身体健全啊！一个男子四肢健全，有力气，干啥都行，但是如果走上这条路，一辈子就真毁了……"听着女司机耐心的劝导，歹徒突然哭了起来，然后把刚才抢来的钱一把塞到女司机手里说："大姐，我错了。"

人非草木，孰能无情。这位歹徒本来想抢劫，却被女司机充满真情实意的话所打动，最终流着泪承认了自己的错误。由此，我们可以看到，真情实意的话往往能拨动他人心里的那根弦。

真情实意，不光讲"情"，还讲"真"，真即真心、真诚。真诚是人类美好的品质之一，有经验的推销人员不是那些油嘴滑舌、谎话连篇的人，而是那些用实实在在的语言、行动打动客户的人。日本著名的推销员原一平说过这样一句话："做人和做生意都一样，第一要诀就是诚实。诚实就像树木的根，如果没有根，树木就没有生命了。"

原一平曾经在一家电器公司当推销员，在短短半个月时间内，他就做成了三十笔生意，但是没几天他便发现，自己卖给这些客户的产品比市场上同样性能的产品贵很多，他想："如果这些客户知道了，就会认为是我欺骗了他们，以后还怎么向他们推销产品？"

于是原一平拿着合约书和订单逐一找到了这三十位客户，并和他们说明了情况，询问他们是否考虑续约。这些客户被原一平这一真诚的行为所感动，不仅没有退回产品，还成了原一平忠实的客户。

无论是在日常生活中还是生意场上，只有真诚的话，才能深入他人内心，触碰到人灵魂的最深处，从而唤起人内心最真挚的感情。因此，说话的魅力不在于你口若悬河，而在于你是否是真情实意。

善用"我们"拉近彼此之间的距离

一次，一位老板带着他的员工去参加一个工作会议。当这位老板上台发言的时候，一位朋友注意到，在短短的三分钟内，他一共用了三十六个"我"，比如"我的公司""我的企业""我的产品"等。

等到这位老板演讲完毕，朋友拍了拍他的肩膀对他说："真遗憾，你失去了所有的员工。"这位老板怔了怔说："我失去了所有员工？没有呀？他们都好好地在公司上班呢！"朋友笑了笑，说："哦，难道你的这些员工与公司没有任何关系吗？"

有一位名人说过这样一句话："一个满嘴'我'的人，一个独占'我'字、随时随地说'我'的人，是一个不受欢迎的人。"在人际交往中，如果总是把"我"字挂在嘴边，就会给人一种以自我为中心的感觉，给人留下突出自我、标榜自我的印象，而如果善于用"我们"来代替"我"，效果则会大不一样。

一个个子矮小、身材消瘦的女孩子来到一家服装店买衣服，她大概是想买一条裙子，可是试了很多条都不是很满意，女孩叹了口气，准备要走。这时一位和她身材差不多的导购小姐走过来问："是不是觉得不好挑衣服？"

"是呀。"

"像我们这样瘦小的女孩子，买衣服最难挑了，人家几分钟就能办妥的事，我们得多花一个小时呢。"

"是啊，我就是经常买不到合适的衣服。"女孩点了点头，深有同感地说。

接着，这位导购小姐向女孩传授了一些瘦小女孩的穿衣技巧，最后女孩高高兴兴地挑了一条裙子。

这位导购正是用"我们"拉近了自己和女孩之间的距离，让女孩心生好感，买下了裙子。事实上，作为听众，如果对方说"我""我觉得""我认为"时，我们往往没什么感觉；而如果对方说"我们""我们觉得""我们想一下"，我们就会觉得对方很亲切。如此看来，"我们"这个词的确可以缩短人与人之间的心理距离。

我们经常可以见到一些演讲者这样说"我们常说……""让我们来想象一下""我们是否应该这样"。那些社交经验丰富的人们经常这样说"让我们一起""我们觉得""我们这样"。因为"我们"这个词代表了"你也参与其中"，并且这样说话能使你觉得和对方的距离更近，听起来更亲切。

因此，在人际交往中要少说"我"，多说"我们"。很多销售员都深深懂得这一说话技巧，因为作为推销员，每天要接触形形色色的客户，即使不能准确地把握每位客户的心理，但是只要为客户着想，把客户和自己拉到"我们"这一范畴，也会让客户喜欢你。

那么在日常生活中该如何用好"我们"呢？需要注意以下两点：

（1）尽量用"我们"代替"我"。例如，"我建议，今天下午……"可以改成："今天下午，我们……好吗？"

（2）多用"我们"开头。例如，"我最近做过一项调查，发现很多员工对公司的奖金制度有异议，我认为这些不满情绪……"可以改成："我们最近做过一项调查，发现很多员工对公司的奖金制度有异议，我们认为这些不满情绪……"

放低姿态说话，更讨人喜欢

在生活中我们会发现一个有趣的现象：那些大企业家，德高望重的前辈、大学者，说话总是很随和，让人容易亲近，并对他们产生好感，而那些没什么本事或是稍有一点成绩就炫耀的人，说话总是趾高气扬、咄咄逼人，甚至是一副颐指气使的模样，让人难以亲近。

小王大学毕业后进入某机关单位工作，眼看快三十岁了，还是一个小科长。上级部门经过多次考察，认为小王有能力，也有业绩，于是想提拔他，但是每次群众评审都通不过，小王为此很苦恼。

一次，一位领导点出了这件事的症结所在："小王，你虽然是科长，但是在和下属谈工作的时候也要放低姿态，不要给人一种盛气凌人的感觉，要多说一些平易近人的话。"小王听了默默记下了。于是在之后的工作中，小王变得随和了。不久，小王发现，下属对他的态度有了很大的变化，十分配合他的工作，之前一些抱怨的声音也消失了。当然，后来小王顺利地升职了。

小王最后得以升职，是因为他放低了自己的姿态，得到了下属的支持。可见说话者适时放低自己的姿态，更能满足低位者的自尊心的需求，更能讨人喜欢。

比如，你被公司领导提拔，由一名普通员工一跃成为公司的管理人员，必定会有人嫉妒、羡慕你，这时说话一定要放低姿态。你的晋升意味着你以前的领导变成了你的同级，与这些人说话时也要放低姿态，比如可以这样说："您是我的上级，曾经多次鼓励我要争取上进，正是由于您的提携，我才能得到提升。"

说话时，我们不仅要放低姿态，还要学会换位思考，特别是当对话双方地位悬殊时，这种说话姿态尤为重要。

一位美国总统为了庆祝自己连任，开放了白宫，和一百多位小朋友亲切"会谈"。

其中一个小朋友问总统："您小时候哪一门功课最糟糕？也会挨老师批评吗？"总统笑着回答道："我的品德课最糟糕，因为我总是爱说话，经常会打扰别人学习，所以老师经常批评我。"

小朋友们一听，原来总统也和自己一样，经常挨老师批评啊！于是，谈话更加随意、活泼起来。

过了一会儿，有一个来自芝加哥贫民区的女孩子对总统说："我每天上学都很害怕，因为我怕遇到坏人。"

总统收起了笑容，表情变得严肃起来，然后亲切地拉着小女孩儿的手对她说："我知道现在国家的治安问题给你们的生活带来了一些影响，比如毒品、枪支和绑架的问题，不过我可以向你保证，我们会尽最大努力去改善这一情况。你们也要好好学习，将来我们共同努力，一起来对付坏人，让我们的生活更美好。"

这位总统在和小朋友对话时放低了自己的姿态，变成一个和蔼可亲的"大朋友"，让小朋友们觉得他是一个贴心的好朋友，从而得到了孩子们的喜欢和爱戴。

贵为一国总统尚且能如此放低姿态说话，更何况我们呢？请记住，无论何时，放低姿态说话都是一种处世哲学，更能赢得他人的友情。

将心比心，稳稳抓住客户的心

在一个市集上有两个人卖豆腐，分别是老王头和老李头，两个人手艺差不多，做出的豆腐都是一样白嫩。每次客人来买豆腐，两个人老远就吆喝上了："豆腐，新鲜的豆腐……"听那吆喝的腔调，也没什么区别，而且同样都给足了斤两。

可是一阵子过去了，来老王头豆腐坊买豆腐的人越来越多，而到老李头那儿买的却没几个。刚开始大家都觉得奇怪，后来有人观察了几次才明白是怎么回事。原来同样是卖豆腐，每当有人买豆腐时，老王头总是多问一句关心的话。

比如，赵大妈最近生病了，过来买豆腐，老王头问："听说你感冒了，好点没有？"跑运输的黄师傅过来买豆腐，老王头问："最近活儿累不？"做农活的老吴头擦了把汗，过来买豆腐，老王头问："还干农活呢？身子该吃不消了。"总之，凡是来买豆腐的，老王头总是十分关心地和对方聊两句。时间久了，大家都把老王头当成了朋友，即使不需要买豆腐，听到他的吆喝，也要过去说几句话，买上一两块豆腐。

也许老王头根本不懂什么销售技巧，他只不过是想和客人聊聊天，关心一下对方罢了。但是就是这样一个小小的举动，却使得来他这里买豆腐的人络绎不绝，因为大家都想听听老王头那关心的话。其实，销售过程不仅仅是了解客

户的需求这么简单，更重要的是将心比心，多关心客户，让客户感到你不是在
向他们推销业务，而是在关心他们，这样客户才会认可你的产品和服务。

　　乔·吉拉德被誉为世界上最伟大的推销员，他在15年中卖出了13000辆汽
车，成绩最好的时候，一年卖出1425辆（平均每天4辆），这个成绩还被收入到
了《吉尼斯世界纪录大全》中。你知道他是怎样做到的吗？看看他的推销过程
你就知道了。

　　有一次，一位中年妇女走进了乔·吉拉德的展销室，说自己看看车，打
发一会儿时间。闲谈中，她说想买一辆白色福特车，就当是送给自己的生日礼
物。但是对面福特车行的一位推销员却让她过一小时再去，所以只能先到这儿
看看。

　　乔·吉拉德听了点了点头，说："生日快乐，夫人！"一边说着，一边请
她进来随便看看，接着出去交代了一下，然后回来对她说："夫人，您喜欢白色
车，既然您现在有时间，我给您介绍一下我们的双门轿车——也是白色的。"

　　他们正谈着，女秘书走了进来，手里拿着一束玫瑰花，乔·吉拉德把花递
给了中年妇女，并对她说："祝您长寿，尊敬的夫人。"这位女士很感动，眼眶
都湿了，她说："已经很久没有人给我送礼物了，刚才那位福特车推销员一定
是看我开了辆旧车，以为我买不起新车，所以我刚要看车，他就说要去收一笔
款，于是我就上这儿来等他。其实我只是想买一辆白色车而已，看到表姐的车
是福特，我也想买福特的。不过现在想想，不买福特也可以。"

　　随后这位女士买走了一辆雪佛兰，并写了张全额支票。

　　本来这位女士是想买一辆福特车，只是因为在乔·吉拉德那儿感受到了被
重视与关心，才放弃了买福特车的念头。乔·吉拉德的一个小小的举动，体现
了他对客户的关心，可见要想抓住客户的心，我们必须要从心底里关心客户。

　　推销员经常犯的毛病就是过于强调自我，过于强调利益的实现，从而忽视
了客户的感受。比如有些推销员在推销产品的过程中，常常会让客户觉得面子

上过不去，从而违心购买产品。虽然这种方式在短时间内能取得利益，但是时间长了，你必定会失去客户。

一位推销员正在向客户推销化妆品，客户已经答应购买了，可是这位客户忽然想起，自己家里已经有此类型的化妆品了，又不好意思直接拒绝，便支支吾吾地说："那个……我忽然想起我家里……"推销人员听出了话里的意思，于是急忙热情地说："真不好意思，今天出来太匆忙，带来的品种不多，我下次来的时候一定多带一些化妆品让您挑。"这位推销员将全部责任都揽到了自己身上，让客户大感欣慰，于是说："没关系的，我觉得刚才你给我推荐的化妆品很好，我买下了。下次有合适的化妆品别忘了告诉我。"

如果这位推销员不顾客户的面子，执意推销自己的化妆品，就会使彼此很尴尬。不过这位推销员没有这么做，而是为客户寻找了一个借口，说是自己带的化妆品品种不多，让客户面子上过得去。其实，为客户寻找借口也是一种将心比心的做法，这种做法无疑会让你赢得客户的青睐。

请记住，一个聪明的销售高手，在介绍自己的产品时，往往不是单纯地传达自己的意见，而是全力关心对方。

学会打圆场，让对方打心底里喜欢你

在日常交际中，难免会遇到尴尬的时候，这时如果你能借助恰当的妙语及时打圆场，不仅能化解尴尬，还能让对方打心底里喜欢你。

在一个小镇上有一位很有名气的理发师，他收了一个徒弟。徒弟学艺三个月后觉得自己可以出师了，于是请求师傅让他正式上岗，师傅笑了笑点头答应了。

徒弟十分高兴，给第一位顾客理发的时候兴致满满，可是客人却照着镜子抱怨道："头发怎么还这么长？"徒弟不知怎么应答。这时师傅开口说话了："头发长些挺好，这样显得您比较含蓄，有个词叫'深藏不露'，很符合您这样有身份的人。"顾客听了十分高兴，转身离去了。

过了一会儿来了第二位顾客，这位顾客抱怨自己的头发被剪得太短了，徒弟又不知所措地站在那里。这时师傅笑着解释道："头发短点儿好啊，现在天气渐渐热了，剪短点儿凉快，显得您更精神。"这位顾客听了也十分高兴，付完钱离去了。

前两位顾客不是嫌头发剪得太长，就是嫌剪得太短，徒弟心想，这回我要按照客人的要求细心点剪。果然，在为第三位顾客剪完后，顾客没有挑剔头发的长短，却在交钱的时候嘟囔了一句："剪个头发还这么长时间！"徒弟一听，愣在了那里。这时师傅又过来打圆场："头发也是'面子工程'的一部分。有句话说得好，'进门苍头秀士，出门白面书生'。为'首脑'多花点时间还是很有必要的。"顾客听了，转怒为喜，哈哈大笑走了。

这时徒弟已经乱了阵脚，心想给下位顾客理发的时候定要时间短一些。于是还不到二十分钟，就理完了。没想到，这位顾客开口说了一句："小师傅，这么快就剪完了？这才十多分钟吧。"徒弟心里一慌，不知道如何作答。师傅继续笑着解释道："人们常说时间就是金钱，所以我们力争在最短的时间内为您理出最好的发型。您既节省了时间，还得到了一个漂亮的发型，您说是不？"顾客连连点头，笑呵呵地离去了。

故事中理发师的徒弟自以为学艺有成，不承想在应对顾客的挑剔时却不知所措。还好这位师傅是个打圆场的高手，既替徒弟摆脱了尴尬的窘境，也让客人内心欢喜。

在我们的生活中，常常会遇到一些令人猝不及防的尴尬局面，如果处理得不好，很容易伤了他人的面子。而如果能利用巧言妙语适时打圆场，则能打破这一僵局，还能得到他人的欢心。

吴凡是一家杂志社的编辑，一次他刊登了一位书法家的作品，得到了很好的反响，一时间这位书法家声名鹊起。为了感谢吴凡，书法家拎着一大堆谢礼来到了杂志社，硬要塞给吴凡。

这个场面多少有点尴尬，同事都看着呢，自己可不能贪这点便宜，但是该怎么顺利推掉这些谢礼，又不伤对方的面子呢？这时吴凡想到了一个好主意，于是他开口说："既然您这么热情，我肯定得要一份重礼了！"

"哦？什么重礼？"书法家很感兴趣地问。

"大家都知道您书法了得，其实我最想要的是您的题字，您看怎样？"吴凡笑着回答道。

书法家一听，十分高兴，马上大笔一挥，写了一个"福"字。这时周围的同事也过来凑热闹，这个一句"不愧是出自大师之手"，那个一句"真是苍劲有力"，书法家听着大家的称赞开心极了。这时忽然一位眼尖的同事心直口快地说："哎呀，这个'福'字怎么是'衣'字旁！"

大家一听，忙看了看，可不，"福"字本该是"示"字旁，书法家却写成了'衣'字旁！书法家显然也意识到了自己的错误，尴尬地站在那里，有点不知所措。吴凡心里也十分着急，题字是自己要求的，现在却弄得人家下不了台，这以后还怎么相处？吴凡急中生智，忽然想到了一个主意。

只见吴凡神色自若地说："这位老书法家呀，是个有福气的人，所以他在写'福'字的时候才会比别人多一点！"

大家听了，这才"恍然大悟"，纷纷点头称赞："真是高啊！"书法家更是一下子轻松下来，内心十分欣喜，解释道："对，平常我自己在家给自己写'福'字的时候总是这样写，写惯了，今天忘记是送人了，真是让大家见笑了。"

同事们一听，都忙说："哪有哪有，您这叫与众不同。"一时间场面又热闹起来。

这个例子中，面对书法家写错字的尴尬，吴凡简简单单的一句话，便成功化解了书法家的"面子危机"，虽然撒了一个小谎，但最终还是化解了尴尬的场面。

打圆场也可以幽默一点，运用幽默的语言来缓解尴尬的气氛，不仅可以避免不必要的纠纷，还能表达自己的不满，这样对方不仅不会生气，还可能会被你的幽默感染，开怀大笑起来。

曾经看到过这样一个笑话：

一位十分挑剔的女士到一家饭店吃饭，点了一份煎蛋，随后对服务员说："蛋白要全熟，蛋黄必须要生一点，就是还能流动的那种。我不喜欢太油腻的食物，所以煎的时候不要用太多油。对了，盐要少放，要加点胡椒。最重要的是鸡蛋一定要新鲜，最好是一只乡下快活母鸡下的鲜鸡蛋。"

"请问一下，"女服务员温柔地说，"那母鸡的名字叫阿珍，可合您心意？"

想必这位女顾客听到这样的回答不仅不会生气，还会哈哈大笑吧。面对爱挑剔的女顾客，服务员并没有直接表达自己的不满，而是用幽默提醒的技巧，提出了一个更为荒唐可笑的问题，让对方意识到自己提的要求太过分了。

不过在打圆场的时候，也要注意公平原则，要做到不偏不倚，即让双方都觉得你没有偏向，这样才能收到更好的效果。并且要理解双方的心情，说出的话一定要情真意切，这样才能让对方打心底里喜欢你、接受你。

与人交往，寒暄必不可少

俗话说："话要开好头。"在人际交往中，寒暄不仅可以减少彼此之间的陌生感，还可以维持、增进彼此之间的友谊。由此可见，与人交往，寒暄必不可少。

一次，威尔逊奉命去一家加工香水的作坊推销加工香水的机器，可是作坊里的工人们都太忙了，根本没工夫招呼他，威尔逊决定改变一下策略。这时正好一位中年男子背着手走了进来，显然他是这家作坊的老板。于是，威尔逊走上前去，热情地说："您好，先生，有幸来您的作坊参观，我能试试您的香水吗？"这位老板以为威尔逊是前来购买香水的客户，于是欣然点了点头："当然，您跟我来。"

随后，他们走进了一间陈列着香水的屋子，威尔逊称赞道："一直听说您这里的香水很有名，十里飘香，甚至出口到国外，今日一见，果真是名不虚传啊！"老板听到对方夸自己的香水，十分高兴，一边拿着香水一边跟威尔逊聊了起来，还主动谈起了他建造这家作坊的历史。

在老板介绍香水制作工艺的时候，威尔逊说："难怪您的香水卖得这么好，原来是这方面的行家，不过现在的技术日新月异，如果加工香水的机器跟不上，可能会影响您的香水的竞争力，您看看我们的机器怎么样？"说着，威尔逊拿出了加工香水的机器开始介绍起来。一番讲述之后，这位老板觉得威尔逊说得很有道理，于是买下了一批机器。

在这个例子中，威尔逊通过热情的寒暄，打开了与老板交流的话匣子，激起了对方的谈话欲望，从而顺利地推销了自己的产品。

其实，寒暄可以是简单的招呼、问候，比如"您好""早上好""吃了吗""最近忙些什么呢""生意还可以吧"；可以是随便聊几句，比如"今天的天气不错""真巧，您这是要去哪儿""这房价又涨了""昨天那部电影怎么样"；也可以是适当的夸赞、敬慕，比如"你这件裙子真漂亮""久仰久仰""早听说过您的大名"。

虽然这些寒暄大部分看起来并不重要，但是它是使谈话双方迅速摆脱尴尬的有效手段，也是你表达对他人关注的方法之一，是你打开话题，拉近彼此之间距离的桥梁。那么我们如何寒暄得恰到好处呢？

1. 主动热情、态度友善

要想打开寒暄之门，首先要有足够的热情和真诚友善的态度。试想，如果一个人冷冰冰地对你说"早"，你肯定不愿意回答他；如果你帮助了别人，得到的是一句毫无感情的"谢谢"，你很难体会到帮助别人的快乐；如果你工作勤勤恳恳，你的同事很不屑地说了句"你真是个老实人"，你肯定不会认为这是一句赞美吧。同样道理，如果这样说的是我们，别人又会是什么感受呢？因此，我们在寒暄的时候一定要注意态度。

2. 大方得体、尊重他人

寒暄是一门说话的艺术，自然也要分场合、看对象，不同的情况说不同的话，而且还要注意尊重别人，不拿人家的缺陷开玩笑。

比如，你可以夸奖一位西方女顾客"小姐，您真性感"，却不能把这句话用在中国女孩身上，否则只会让对方觉得你居心叵测。

比如，你刚出门，看到一位同事从公共厕所出来，就热情地打招呼："小王，吃过了？"显然太尴尬了。

又比如，一位女性朋友身材较胖，有一天她穿了一件小一点的连衣裙，你碰到她说："小玲儿，又胖了啊！"对方也许会生气，从此不再理你了。

3. 寒暄要适可而止

无论做什么事都要有个度，寒暄也不例外。恰到好处的寒暄能满足人们的亲和心理，打开谈话的局面。比如，你的一位同事穿了一件很漂亮的衣服，你看到了，可以称赞她"小丽，你穿上这件衣服更加漂亮了"，相信对方听完后一定会很高兴。但是如果寒暄的话没完没了或是太过肤浅，就会让人觉得你不真诚，甚至认为你是一个虚伪的人。

安慰人时，走心才能抚慰人心

一个女孩子在自己的博客中这样写道：这几天我很烦恼，因为我男朋友的妈妈生病了，男朋友急得不得了，我想安慰几句，可是就是不知道怎么开口。每天除了说几句"别着急""别上火"之类的话，真不知道该怎么安慰他。

随着年龄的增长，我们会遇到许多类似的情况，如同学考试考砸了，朋友失恋了，同事的亲人去世了，等等，这时需要我们去安慰他们。但是很多人在安慰人时不走心，安慰的效果也差强人意，甚至让对方觉得你根本没有同情心，是在敷衍他。

以下是小A和男朋友的聊天记录：

小A："我这几天嗓子不舒服。"

男友："哦，多喝点水就好了。"

小A："我感冒了。"

男友："多喝点水就没事了。"

小A："我生气了！"

男友："来，喝点水，眼泪流多了得补点水。"

小A："你能不能说点别的？"

男友："你一直不太喜欢喝水，俗话说'不听老人言，吃亏在眼前'，让你平时多喝水，看，这下生病了吧？"

小A："生病怪我了？"

男友："也不是，我只是为你的身体着想，多喝点水是有好处的，你看隔壁家王大哥的媳妇，喜欢喝水，很少生病……"

小A："我要和你分手！"

男友：……

试想一下，如果你是小A，遇到这么一个不会安慰人的男朋友，你是不是也会十分生气，甚至有分手的冲动？其实，在日常生活中，这类不走心的安慰比比皆是。比如好朋友生病了，你说"没事，别想那么多，很快就会好起来的"；朋友的小猫丢了，你说"没事，大不了再养一只"；朋友失恋了，你说"失恋的人多了，又不是只有你一个"；朋友失去了工作，你说"工作嘛，以后再找"……

如此不走心的安慰，请你以后不要再说了，因为这样的安慰并不能真正抚慰他们受伤的心，反而会给人一种敷衍的感觉。那么我们安慰他人时怎样才能做到走心呢？

1. 学会换位思考

安慰人是一件苦差事，我们既要听对方的抱怨，也要忍受对方的唠唠叨叨，还有可能会陪着对方一起坐在那里傻傻地沉默。即使是这样，我们也并不能理解，以及体会当事人的心情。因此，我们在安慰别人时，首先得走入对方的内心世界，从对方的角度去看待他的遭遇，即有一颗同理心。

比如，你的一位朋友丢了几千块钱，你去安慰他，他却伤心不止，你会认为，不就几千块钱吗，至于吗，这样小题大做。如果你站在对方的角度考虑，这钱是他辛辛苦苦挣来的，一个月起早贪黑，结果什么也没剩下，还得贴上房租、吃饭钱、零花钱，这么一想，你就能体会到他的伤心了。

2. 直接一点、真诚一点

在安慰人的时候，我们很可能会遭遇不知该说什么的窘境。如果你真的找不到恰当的话安慰对方，不妨直接一点、真诚一点，坦白地告诉对方你的感受。比如，你的朋友楚楚可怜地对你说："你不明白我的感受。"你可以坦诚地说："我可能无法体会到你此时此刻的感受，也不知道自己该说什么，但我真的很关心你。"这样，即使没有任何技巧可言，对方听了也会认为你是真的想帮他，会得到莫大的安慰。

3. 走心也需要技巧

安慰其实是一种分享，当你把你的感受、经历分享给他们的时候，无形中他们的心情就会好很多。比如这样安慰人："其实，我失去工作的那段时间也很难过，但是我告诉自己不能被打倒。""记得前段时间我失恋的时候，感觉整个世界都崩溃了，后来我告诉自己，即使失去了爱情我还是得生活。"最后再加上一句："只要你需要我的陪伴，随时打电话给我。"

另外，还要注意，安慰人不是纠正别人的错误，即使对方的观点错了也不要说"反对"的话。比如，你的朋友因为工作中的一个失误被辞退了，你可以这样安慰他："这可能不是你能力的问题，而是老板太小题大做了……"

第十章

话有三七分，开口需谨慎

人们常说："东西可以乱吃，话不能乱讲。"食物是不可以随便吃的，乱吃东西会生病；而说话更不能信口开河，否则祸从口出。一句话能成事，一句话也能败事。所以在开口说话之前一定要三思，想一想什么能说，什么不能说。同时还要注意用怎样的方式去表达，是实话实说还是实话巧说，是直言批评还是直话曲说。

流言有毒，莫在人后论是非

在背后议论人的是非是不礼貌、不尊重人的表现，而且那些喜欢搬弄是非的人往往也没什么好下场，经常是搬起石头砸自己的脚。

在《伊索寓言》里有这样一个故事：

在一片森林里住着一群动物，狮子是这里的国王。

一天，年老体弱的狮子生病了，动物们都来探望，唯独狐狸没有来。这时一向与狐狸有过节的狼趁机在狮子面前诋毁狐狸："大王，您是百兽之王，大家都尊敬您、爱戴您。但是您现在生病了，狐狸却没有来看望您，这是对您的不尊敬啊！"

狮子听了十分生气，正好这时狐狸赶来了，听到了狼说的话。狮子对着狐狸怒吼道："你现在才来，是对我心怀不满吗？我要给你最严厉的惩罚。"狐狸急忙恳求道："尊敬的大王，并不是这样，能给我一个解释的机会吗？"

狮子看到狐狸态度诚恳，怒气消了一点，点了点头说："好吧，你说说看。"

狐狸一听连忙解释道："您生病了，我自然应该来看望您，可是为了您的病，我不得不到处奔波去寻医问药，而来到这里的动物，表面上看似关心您，实际上却什么也没有做。"狮子一听，十分急切地问："那你找到治病的医生或方子了吗？"狐狸看了狼一眼说："当然，您只要把一只狼活剥了，然后把他的皮披到您身上，您的病很快就会好了。"狮子听完，还不等狼逃跑，一下子就把狼杀死了。

　　这个故事中，狼因为背地里说狐狸的坏话，最终把自己害死了，真是可悲可叹。有句俗语说得好："人前莫显己能，人后莫论是非。"那些喜欢在人背后说长道短、搬弄是非的人，即使一时获得了利益，最终也会使自己受害。

　　生活中我们时常会听到一些流言，而这些话语很可能就是那些喜欢在背后论人长短之人的"杰作"。尽管他们小心翼翼，但这些流言就像流水一样，从这张嘴巴流到了那个人的耳朵里，再从那张嘴巴流到另一个人的耳中，最后流到被议论者的耳朵里。

　　小彤这个人很好，唯独有一点，就是喜欢在背地里说人闲话。一天，隔壁部门新来了一个女同事，小彤又开始叨叨了，"话都不会说""跟个木头似的""做起事来也不认真，谁和她一起跟项目，谁就倒霉透了"。俗话说："世上没有不透风的墙。"这话隔几天就传到了这位新同事的耳朵里，不过她并没说什么。

　　一次巧合，公司领导让小彤和这位新同事一块儿跟一个项目。只要有需要这位新同事帮忙的地方，她总是磨蹭一会儿，项目催得越紧，她做得越慢。小彤向领导反映情况，而领导可能因为项目的问题，心情不是很好，于是把小彤批评了一顿："她是个新人，不熟悉流程，慢也是情有可原的，不过你都是一个老手了，就不能好好带带她？还有工夫来这里告状，明天下午之前必须完成，否则你这个月的绩效奖金扣光！"

　　小彤受了一肚子气，心想：不光这新来的同事让人烦，老板也不讲理。很快一天过去了，小彤的项目还是没能完成，当然当月的绩效奖金也打了水漂。

　　我们平时与人聊天时难免会提及某人某事，但是请不要对别人的私人生活指指点点，更不能搬弄是非。首先，这是一种不礼貌、不尊重人的行为。其次，眼见还不一定为实呢，更何况是你道听途说来的信息，你的主观臆断并不能准确地判断一个人的言行是对是错。也许你只是随便说说而已，但是对方很可能因为你的言论而受到莫大的压力。而你背地里的闲言碎语也可能会挑起同事之间的纠纷。

尺有所短，寸有所长。每个人都或多或少有自己的优点或缺点，我们应学会正确看待他人，而不是在人背后说长道短。

实话不可直说，应适时变通

　　我们在生活中与他人交流的时候都希望对方能说实话：情人谈恋爱的时候想要听到对方的实话，警察审嫌疑人的时候想要听到实话。但是说实话并不容易，因为实话并不是随口就能说出来的。说实话也分场合，而且在某些特定场合或是某些特殊情况下，实话往往会失去它的魅力，令人尴尬，伤人自尊，甚至引发不必要的矛盾。

　　小耿的父亲七十多岁，因为患有比较严重的脑梗塞住进了医院，但是老人家对自己的病情知道得不是很详细，因为对于这样的病，一般的医生都会向患者刻意隐瞒，或是说一些安慰话。但是有一天，小耿去医院看望老人的时候，老人说什么也不愿在这家医院待了，说是这家医院医生的素质太低。

　　原来老人住院已经快半个月了，但是觉得没什么效果，正巧医生在查房，老人便问了一句："这样治疗管用吗？能把血管打通吗？"没想到医生却直接回道："不能。"而且还打了个比方："就像秧苗旱死了一样，再浇水也没什么用。"老人听完气坏了。

　　愤怒的小耿找到了该医生，要求对方赔礼道歉，那位医生迫于压力，只好低头认错，可是有什么用呢？以后的日子里老人总是郁郁寡欢。

　　的确，对于病人的情况，医生应该如实告知，但是这只是对于一些小病而言，对于危及生命的大病，一般医生都会对病人说一些好听的话，以宽慰病人。但是这位医生当着病人的面说好不了，试问谁听到不生气？所以实话实说也要分场合、分对象。

同样，我们来看这样一个例子：

一日，一位男士来到药店，询问营业员是否有治疗牙疼的速效药，看着这位男士用手捂着牙十分痛苦的样子，这位营业员拿出一盒药，并告诉男士，这是癌症和术后患者止疼用的特效药，还说这种药效果很好。但是男子听完后却勃然大怒："我是牙疼，又不是得癌症或者做手术了，你拿这种药是在诅咒我吗？"说完，男子药也没买就夺门而出。

营业员只不过是实话实说而已，不过她忘记了饱受牙疼折磨的人通常心情十分烦躁，而且易怒，他们需要的是安慰，而不是往伤口上撒盐的大实话。其实像这样实话实说并没错，但是有时候我们更需要的是"实话巧说"。

一次英国诗人拜伦在街上看到一位盲人身上挂着一块乞讨的牌子，上面写着这样一句话："自幼失明，望君怜恤。"但是再看看他手里的破盆子却空空如也。拜伦想了想，挥笔将这几个字改成了"春天来了，我看不见"。结果路人纷纷解囊，不一会儿，这位盲人的小盆子就堆满了人们投来的钱币。

一对情侣在逛街的时候，女孩看上了一条裙子，征求男孩的意见。男孩认真看了看说："这件裙子颜色不错，款式也很新颖，要是你上初中那会儿穿上的话，回头率一定是百分之分。"

作家贾平凹曾说："话有三说，巧说为佳。"无论是在生活还是工作中，说实话一定要注意场合、对象，如果实话实在不能实说，不妨变通一下，实话巧说，也许会有意想不到的效果。

不要当着失意人的面大谈自己的得意事

很多人都听说过这样一句话："木秀于林，风必摧之；堆出于岸，流必湍之；行高于人，众必非之。"这句话是在告诫人们，一个人无论多么优秀，都不要在众人面前出风头，风头出多了，必将给自己带来麻烦。

在一些电视剧中，我们会经常看到一些落井下石的小人，在别人失意、落难的时候非但不伸出援助之手，反而大谈自己的得意之事，而这些人自然也没有什么好结局。在现实社会中同样如此，一些人总是喜欢把自己的成绩挂在嘴边，逢人便夸耀自己如何能干，自认为会得到别人的敬佩与欣赏，而事实上，很少有人愿意听他们的得意之事。有些人恨不得把自己的得意之事告诉每一个人，完全不顾及那些失意人的感受，最终使朋友渐渐远离他。

高峰的朋友王洋最近很失落，先是事业上不顺，破了产，然后家庭矛盾不断升级，妻子甚至和他闹起了离婚。为了安慰情绪低落的王洋，高峰邀请了几个朋友来家里聚会，想借着热闹的气氛让王洋放松一点。

大家都知道王洋的事情，所以饭桌上对此闭口不提。但是酒过三巡，一个朋友喝多了，开始大谈自己在生意场上的得意之事，说自己如何抓住了商机狠赚了一笔，说到兴奋处还手舞足蹈。在场的几个人虽恭维了几句，但内心十分不舒服。尤其是失意的王洋，脸上一阵红一阵白，一会儿去上厕所，一会儿假装去接电话，最后实在听不下去了，就找了个借口提前离开了。把朋友送到门口，高峰很不好意思地表达了歉意，王洋这才生气地埋怨道："就算他再会赚钱，也没必要非在我面前炫耀吧？这不是成心气我吗？！"说完，他生气地离开了。

诚然，每个人都有春风得意的时候，在人生得意之时难免有炫耀的欲望，这一点无可厚非。但是谈论得意的事，一定要注意场合和对象。你可以在演说的公开场合对你的员工大谈自己的得意，享受他们向你投来的钦羡目光，也可以在家人面前说一说事业的风生水起，让他们以你为荣。但是不可以在失意人的面前大谈你的得意事，因为失意的人最脆弱，也最敏感。即使你是无心的，但是在他听来却是在有意讽刺、嘲讽他，觉得你是瞧不起他，故意在他面前卖弄。

不要在穷人面前炫耀你的黄金，不要在失意人面前大谈你的得意事，聪明的人通常会做到这一点。他们总是把自己的得意放在心里，而不是放在嘴上，当成炫耀的资本。多谈对方关心和得意之事，可以赢得对方的好感和认同。

小潘刚刚被调到了人事局，春风得意的他到处炫耀自己的机遇和才能。比如，每天都会向同事炫耀自己工作中的成绩，说有多少人请他帮忙，多少人给他送礼他却没收，上级领导怎样夸奖他，等等。但是其他同事听了，并没有表现出感兴趣的样子，特别是那些工作经常出错、挨训的同事，更是躲得远远的。所以虽然小潘已经来了大半个月了，但是朋友少得可怜，他搞不清是怎么回事。

最后，还是当了多年领导的父亲一语点醒了他。从此，小潘很少在别人面前炫耀自己的得意之事，特别是在那些失意人的面前，他更是闭口不言。他反而总是和其他同事聊聊他们的得意之事，不久，小潘就交到了很多朋友。

在人生的旅途当中，谁都会遇到得意或失意的时候。得意之时不炫耀才是一种处世哲学。而在失意者面前，我们应尽量保持一颗平常心，不要炫耀自己的得意，这样，你的得意才能持久，你的朋友才会更多。

玩笑过头伤人心，适可而止才悦人

有人说，幽默是现代人为人处世的重要法宝之一；也有人说，幽默是烦闷生活中的调味剂。确实，在人际交往中，一个得体的玩笑不仅能锦上添花，让人觉得你是一个有魅力的人，还能化解尴尬的气氛，增进彼此之间的感情。但是开玩笑也要有分寸，玩笑开过头很容易给对方造成伤害。

小张正在办公室整理文件，突然接到一位朋友的电话，电话那端语气急促地说："小张，你快点来商场吧，你儿子在乘坐电梯时把手指弄断了！"

小张听完当下就懵了，急忙跑出办公室，来不及等电梯，就一口气从五楼跑了下去。然后叫了一辆出租车，火急火燎地往商场赶。

途中，小张的手机又响了："你现在在哪儿呢？"朋友问。

"我正打车呢，救护车到没？我儿子怎么样了？"小张急切地询问。

"你回去上班吧。"

"什么？那我也得去医院看看我儿子啊！"小张以为这位朋友把事情都办妥，儿子已经被送到医院了。

"哥们，逗你玩的。今天不是愚人节吗，逗你的。"朋友这样解释。

小张马上火冒三丈，自己从五楼跑到一楼，一路过来全身衣服都湿透了，这都不算什么，关键是那种心急如焚的滋味太痛苦了。小张越想越生气，直接跑到朋友那里大闹了一顿，两个人不欢而散。

　　熟人、好友之间偶尔开一个玩笑，本来是一件无伤大雅且能带来快乐的事，但是总有一些人把玩笑开过了头，弄得彼此之间因为几句玩笑话而伤感情、断交情。故事中的场景虽然是发生在愚人节，但是小张的这位朋友的玩笑确实太过分了，竟然拿小张亲人的安全开玩笑，难怪小张会跟他翻脸。

　　开玩笑应该把握分寸，适可而止。要想做到这一点，需要注意以下几点：

1. 开玩笑要看对象

　　首先，人的身份、性格、心情不同，对玩笑的承受能力也不同。比如，对方是性格较真的人，你觉得是开玩笑，他则可能觉得是讽刺。所以，开玩笑也要看对象。

　　一般来说，后辈不宜同前辈开玩笑，下级不宜同上级开玩笑。若是同辈人之间开玩笑，要注意男女有别，男性对玩笑的承受能力较强，可以适当开玩笑，但是女性正好相反，如果玩笑开得不得体，就会使女性害羞、难堪。

　　其次，开玩笑要抓住对方的性格特征。如果对方性格外向、为人大度，玩笑稍微大一点也无妨；如果对方性格内向，比较敏感，开玩笑就要谨慎了。

　　最后，开玩笑也要看对方的心情。即便是生性开朗的人，正好心情不好，你的玩笑话仍然会伤害到他。相反，尽管对方性格内向，但是正好喜事临门，这时你和他开个玩笑，效果也会出乎意料的好。

2. 开玩笑要分场合

　　美国前总统里根在一次国会前为了试试麦克风好不好使，随口开了一个玩笑："先生们请注意，五分钟之后，我们将对苏联进行轰炸。"一语说完，全场哗然。为此，苏联政府提出了强烈的抗议。

　　由此可见，在开玩笑时一定要注意场合。一般来说，若是在严肃静谧的场合，不适合开玩笑；若是在喜庆的场合，适当的玩笑能增添喜悦的气氛；工作时间，一般不宜开玩笑；茶余饭后闲谈时，可以开一些无伤大雅的玩笑。

3．开玩笑要有度

开玩笑应该有一个底线，即玩笑不能伤害到他人的尊严。如果玩笑使对方太难堪，就没什么意义了。比如，笑你的同学考试不及格，笑你的同伴在走路时跌了一跤，笑你的朋友被欺骗……本来这些都是应该报以同情的，但是成了你的笑料。这样做于你又有什么好处呢？只会让对方认为你是个冷酷无情的人。

俗话说："不要当着和尚骂秃头，癞子面前不谈灯泡。"别人的生理缺陷，比如兔唇、麻子、跛脚、驼背等，都属于一个人的不幸，他们需要的是你的同情，而不是冷嘲热讽的笑话。

不要把话说绝，为自己留条后路

我们在做菜的时候，会习惯性地少放盐，如果味道有些淡，还可以再加，但是如果一开始就放了很多盐，一旦味道咸了，就难以改淡了。说话也同样如此，如果把话说得太绝，就像往倒满了水的杯子中加水，即使是一滴，也会溢出来。

俗话说："人情留一线，日后好见面。"不把话说满、说绝，为自己留一条后路，这样日后方能进退自如，否则受伤的只能是自己。

公司里最近有一个很急的项目，大家为了赶进度，甚至占用了吃饭、休息的时间，因此公司里的气氛很紧张。一次，同属于设计部的周然和姜琴，为了一个项目产生了矛盾，闹得彼此很不愉快。周然本来脾气就不是很好，加上最近工作压力大，一时没忍住，冲姜琴吼了几句："你听好了，从此咱俩谁也别搭理谁，你走你的阳关道，我走我的独木桥，就当互不认识。"姜琴脾气虽好，但也是个要面子的人，于是两个人从此形同陌路，再也没有说过话。

就这样过了三个月，两个人各忙各的事。一天，领导忽然宣布，姜琴升任设计总监。昔日的"敌人"突然成了自己的顶头上司，周然无论如何也接受不了这个事实，又想起当初自己信誓旦旦说过的话，真是太尴尬了。最终，周然因为无法面对现在的上司而辞了职。

生活中，我们会遇到很多尴尬，特别是说话掌握不好分寸，常常让自己处于不利的地位。相信像上面这种情况，很多人在生活中都会碰到，因为把话说得太绝而让自己无后路可退，所以我们要时刻提醒自己，与人交往的时候，不要把话说得太绝对，更不要说出"势不两立"之类的话。

我们知道，打仗的时候要选择合适的位置，离得太近了无疑是送死，离得太远了，又会打不到敌人，所以要保持适当的距离，做到进可攻，退可守。说话也是同样的道理，但是总有一些人喜欢拍着胸口给人打包票，把话说得满满的。比如，答应一件事情时总是信誓旦旦地说"没问题，包在我身上""放心，你就等我好消息吧""这点小事算什么，保证没问题"之类的大话。但是我们知道，在事情开始之前，我们是不能预测结果的，若是事情办得圆满，当然是皆大欢喜，但是一旦与想象中相差很大，就有可能给自己带来麻烦。

某公司来了一位新职员——安然。公司每周一开例会，会上主要探讨一些产品的市场预测，并鼓励每个人都发表自己的见解。也许是"初生牛犊不怕虎"，在会上，安然表达了自己的想法，说得头头是道，并表示如果按照自己的想法实施一定能成功。

项目部的经理决定给她一个机会："你先写一下详细的计划书吧。"听了这句话，安然欣喜若狂，拍着自己的胸口说："您就放心吧，我保证三天之内奉上。"可是三天时间一晃而过，安然由于经验不足，并没有完成计划书，经理过来问怎么回事，安然只好老实交代："不好意思，原来计划书做起来真的不容易，我只完成了一半……"经理的表情顿时有些异样。

想必故事中的安然已经给经理留下了这样一种印象：好吹牛皮，不值得信赖。这便是说话不留余地的后果。因此，我们在说话的时候，一定要避免把话说得太满。

总之，人际交往过程中的技巧有很多，说话的艺术必不可少，如果你想在人际交往中游刃有余，最重要的一点就是，不要把话说绝，为自己留条后路。

📍后记

做一个会说话的人

当你翻开本书的最后一页，我要感谢你能花宝贵的时间读完这本书。想必现在萦绕在你脑海中的不仅仅是"说话说重点"这几个简简单单的字，更多的是对于怎样说话的思考，所以请允许我多谈几句，谈谈怎样做一个会说话的人。

都说说话是一门技术活儿，不可否认，市场上琳琅满目的口才书籍足够让你熟练掌握各种说话技巧，但这就是会说话了吗？其实在我看来，再厉害的说话技巧也只是一种辅助手段罢了，关键还是在于我们的内心。一个会说话的人一定是在用心说话，而不是用那张口若悬河的嘴。

比如，与陌生人第一次见面，不能只靠简单的寒暄、恭维，你必须拿出自信和真诚，用真诚去感染对方，用热情去打动对方，用尊重去赢得对方的尊重。在聊天的时候，你要迁就对方，尽量多站在对方的立场考虑问题，不说容易引起误会、尴尬的话。另外，你还要根据对方的性格特点谈合适的话题，在谈话时注意对方的表情，多让对方说而不是光顾着自己滔滔不绝。

其实，说话从内心出发，就是应该注意一些说话时的小细节，希望读完这本书的你能有所收获，成为一个会说话的人。